難聴児・生徒理解ハンドブック

通常の学級で教える先生へ

白井一夫・小網輝夫・佐藤弥生［編著］

発刊に寄せて

通常の学級でどれくらいの難聴児が学んでいるでしょうか。正確な数値は把握されていません。これまで聴覚障害教育というと聾学校や難聴学級での教育のことが語られてきましたが、通常の学級で学んでいる児童・生徒の方がずっと多いのです。だとすれば日頃担任されている先生方の役割は重大です。周囲のかかわり方でそのハンディキャップは大きくも小さくもなるのですから。折しもわが国では特別支援教育がスタートして、通常の学級で学んでいる障害の比較的軽い児童・生徒への支援に目が向けられています。

発達障害に比べて視覚や聴覚などの感覚障害は分かりやすい障害と言えます。聴覚障害は「聞こえない」あるいは、「聞こえにくい」ことととらえればよいのです。また高齢者の難聴は身近に接することができます。ところが分かりやすいことが落とし穴にもなっています。聞こえないと言うと、全く聞こえないと思われ、難聴といえば、補聴器をつければ聞こえていると受け取られます。手話が聞こえない人の言語だ、と聞かされると、どうして聾学校では永年手話を使ってこなかったのかと批判されたりします。実際はそれほど単純なことではありません。

聴覚障害教育に携わってみると、コミュニケーションの重要さに気づかされます。コミュニケーションはその時その時の通じ合いでもあるけれど、その積み重ねが言語を形成し、人の心を育てます。難聴児が日本語を習得していく過程を保護者とともに追わせてもらっていると、よくぞここまで頑張ったものだ、と驚かされることも少なくありません。しかし、そこまで到達して通常の学校に就学しても手放しには喜べない現実があります。さまざまな場面で情報がうまく届けられずコミュニケーションできない状況におかれるのです。教室などで授業を受ける場合は、１対１のコミュニケーション場面と比べると伝わらない情報の量がかなり大きくなります。情報保障のための支援がなされなければ分からないまま黙って我慢することになります。クラスのなかでグループ討論をした場合には参加が困難になります。さらに問題なのは、このような困難さが周囲に理解されないことで心のバリアが大きくなることです。学習面はついて行けても、コミュニケーションの輪に入れない疎外感は学校生活をつらいものにしてしまいます。

特別支援教育が推進されることによって、難聴の子どもたちが通常の学級で学ぶことがこれまでより増えてくるでしょう。どのような障害でも共通することですが、支援を的確にするために一人ひとりの障害を理解する必要があります。その上で参加を支援するための方策が積極的に検討されることになります。

本書は、日々難聴児の教育支援をしている３人の先生方が、こんなことが理解してもらえたら子どもたちの学校生活が過ごしやすくなるという視点でまとめられました。本書によって難聴児の安心した笑顔が増えたらいいと願っています。

鷲尾純一

はじめに

―― この本を手にした先生方へ ――

この本を手になさった先生方に、まずはお礼を申し上げます。先生方は、日々、難聴の子どものために、ご自分の学級や授業で骨を折って下さっておられる方々であると想像します。この本は、そんな先生方のお役に立てることを願って作ったものです。

私たちは、上越教育大学の障害児教育講座で聴覚障害について学び、修了後は新潟県内で、通常学級に在籍する難聴の児童・生徒を支援する仕事（通級指導）に携わりながら、時折集まっては情報交換をしてきました。そんな中で、私たちが強く感じてきたのは次のようなことです。

難聴児･生徒は、通常学級で多くの友人と接し先生方から勉強を教えてもらう中で成長する。だから、私たちの仕事は、子どもたちが通級でやってきた時に指導するだけでなく、通常学級での生活を充実させることに最重点をおくべきだ。

このように考えて私たちは、難聴児・生徒が在籍している学校や学級の先生方のもとへ行って、いろいろと話をさせてもらったり、子どもの様子を聞かせてもらったりしてきました。その際に持っていったいろいろな資料をどこかでまとめられればいいなあ、と思ってきました。

2003年、そんな思いで「難聴児・生徒理解ハンドブック」というささやかな冊子を送り出したところ、各地で活用いただいたのは望外のことでした。今回、学苑社からお話をいただき、ここに新たな版で送り出すことができました。

今回の改訂では、ローカルな内容に基づいていた記述・表現を見直し、全国でも読んでいただけるものへの脱皮を図りました。さらに以下のように、項目、トピックや資料を補強・追加しました。

- 以前は１項目扱いであった難聴に由来する言語的ニーズについて、「ことばの発達」と「書き言葉の支援」にわけて２項目で扱い、その記述を強化しました。
- 新生児スクリーニングの進展で注目されている「軽度・中等度難聴」の項目を新たに起こしました。
- トピックで「人工内耳」「小学校の英語活動」「片耳（一側性）難聴」など、今日的で実際的な問題を追加して扱いました。
- 資料を見直し、校内研修などですぐに使える形にまとめたものを追加しました。

この本は、私たちの実践を背景に作られています。そのために、どちらかというと高度～重度の難聴の子ども支援の事例が豊富です。しかし、近年は新生児聴覚スクリーニングの進展なども背景として、軽度中等度のお子さんを支援する例も増えています。

この本をお読みいただく際には、「紹介されている支援内容が、すべての難聴のお子さんにあてはまるのではない」ということをご了解の上、眼前のお子さんの実態に合わせて、支援を工夫していただけるようにお願いします。

ICFの要約（2001年、WHO;厚生労働省HPのものを要約して白井が作成）

<table>
<tr><th></th><th colspan="3">第１部：生活機能と障害</th><th colspan="2">第２部：背景因子</th></tr>
<tr><td>構成要素</td><td>心身機能・身体構造</td><td colspan="2">活動・参加</td><td>環境因子</td><td>個人因子</td></tr>
<tr><td rowspan="2">構成概念</td><td rowspan="2">心身機能の変化（生理的）
身体構造の変化（解剖学的）</td><td>能力</td><td>標準的環境における課題の遂行</td><td rowspan="2">環境のもつ促進的あるいは阻害的な影響力</td><td rowspan="2">個人的な特徴の影響力</td></tr>
<tr><td>実行状況</td><td>現在の環境における課題の遂行</td></tr>
<tr><td rowspan="2">肯定的側面</td><td>機能的・構造的統合性</td><td colspan="2">活動・参加</td><td rowspan="2">促進因子</td><td rowspan="2">非該当</td></tr>
<tr><td colspan="3">生活機能</td></tr>
<tr><td rowspan="2">否定的側面</td><td>機能障害</td><td colspan="2">活動制限・参加制約</td><td rowspan="2">阻害因子</td><td rowspan="2">非該当</td></tr>
<tr><td colspan="3">障害</td></tr>
</table>

「障害のある子どもも、共に生き学ぶ社会や学校」を目指して

「障害のある子ども」と聞いた時に、多くの方は「どこがダメなのか」に目を向けがちです。本書で取り上げた子どもたちは、「音を聞く」という点で大きなハンディを背負っています。そんな彼らが、どうやって学校生活を送っているかというと、「僕はこれならば大丈夫」という個人の「肯定的側面（生活機能）」を拠りどころにしています。近年、ICF（国際生活機能分類）が、障害のある人の支援の基準として広く用いられるようになってきました。ICFに学びながら、私たちは本書で

「難聴の子どもの『肯定的側面』をきちんと評価する」

「個々の子どもの的確な理解に基づいた周囲の理解が進めば、それが支援になる」

という２点を、お伝えしたいと考えています。

以上のような点をふまえて、この本は以下のような構成になっています。

（1）4つの章

「支援のスタート」「小学生の支援」「中学生の支援」「基礎知識」の４章からなる構成です。

（2）30の項目

難聴から生ずる問題の中から最重要なものを30項目に整理しました。各項目は見開き２ページにわたっています。配列は各項目ごとに完結する構成で、どこから読んでいただいても結構ですが、各項目は関連があります。何かの機会に通してお読みいただければ、と思います。

（3）トピック

30項目で扱えなかった内容を、「トピック」として半～１ページ程度にコンパクトにまとめてあります。ボリュームは少ないのですが、いずれも重要な情報ですので、必要に応じてご活用ください。

（4）資料

コピーしてお使いいただける資料を、巻末にまとめてあります。

この本を間において、担任の先生と保護者と、そして通級の担当者が、難聴児・生徒の学校生活について意見交換をしていけたら素晴らしいことです。本書がそのような協働作業の一助となることを願ってやみません。

著者一同

目次

装丁・本文デザイン：プリントハウス　挿絵：前田真季子

第1章　支援のスタート

1 難聴の発見と早期教育

Q 難聴の子どもは、小学校に入学する前に既に指導を受けているのですか

難聴の子どもは地域の乳幼児健診や保護者の観察などで、学齢以前に発見された場合に、聾学校の幼稚部で指導を受けることになるのが普通です。幼稚部では、その子の聴力やその他の能力に関しても全般的に評価した上で、ことばと心を育てる仕事に取り組んでいます。

難聴が発見されると……

難聴は１歳半や３歳時の健康診断で見つかることがあります。また、保護者や周囲の大人の観察がもとになって分かる場合もあります。最近では、新生児期に簡易に聴力検査をする技術が開発され、発見されるケースも出ています。難聴が分かると、多くの場合は聾学校を紹介されて早期教育を開始します。

早期教育は、まず補聴器を装用させ、できる限り多くの音や音声を聞かせることから始まります。「言葉のプールにつける」などと表現されます。３歳からは聾学校幼稚部に正式に入学できますが、それ以前にも「乳幼児相談」の対象となります。１歳未満の乳幼児が指導を受けることも、最近では珍しくはありません。さらに、最近は人工内耳が普及し、高度から重度のお子さんでは、幼児期までに手術を実施するケースも増えています。

子どもと母親を対象に

ところで「指導」や「教育」などいうと、子どもが対象と考えられがちですが、幼稚部での指導は子どもだけではなく両親（特に母親）も重要な対象となります（「母親法」という言葉もあるくらいです）。子どものことばは、母子のコミュニケーションの中から芽生えて育っていきます。きこえる子どもの場合には、母親の語りかけに応えてことばは自然に育ってきますが、難聴の子どもの場合には、意図的にコミュニケーションを工夫していかないと、ことばはなかなか育っていきません。また、乳幼児は、補聴器を自分で管理することが困難で、最初はどうしても母親が世話をする必要があります。

このように、幼稚部では一人ひとりの子どもを指導するだけではなく、母親を指導啓発することを通し、家庭とも協力して、ことばと心を育てていきます。

豊かな体験からことばへ

幼稚部では、ことばの指導に力を入れますが、「ことばは、心と体の発達に伴って育つ」ものです。ことばは母親をはじめとする

周囲の人々とのやり取り（コミュニケーション）に豊かな経験が加わることで育っていきます。幼稚部では遊びや行事、生活のあらゆる場面を通して、心と体を育てています。

言葉が入らない状況に抗《こう》して

子どものことばは「話し言葉」から始まります。そして、その後に文字を覚えて「書き言葉」へと発展していきます。このようなことばの発達の道筋において、「聴覚系」は中心的な役割を果たします。難聴の子どもはそこに障害を抱えているのですから、ことばの発達はこの影響をもろに受けてしまいます。

まず、聴力が厳しいお子さんの場合には「音そのもの」が入っていきません。放っておくと、音の存在すらも知覚できない場合もあります。その場合にはスピーカや太鼓に触れさせて音を振動として理解させ、音の世界を分からせます。また、自分の声が聞こえないために、どうやって声を出すのかを知らない子どももいます。幼稚部では遊びを通して自然な声を誘導したり、ろうそくの炎を吹き消すなど視覚に訴えて呼気の練習をしたりして、「ことば」以前の指導をします。

聴力状況がよい子どもの場合にもさまざまな問題がおこります。聴力がよければ、音に対する反応もよく、かなり話すこともできるので見過ごされがちです。ところが、難聴があると、その程度に応じて聞き違いがあります。聞き違いがあると、言葉を間違えて覚えていたり語彙に偏りがあったりします。また、後ろや遠方からの声かけが聞こえないことが多く、そのために周囲の友だちや先生から誤解を受けてトラブルになっていることもあります。そのために孤立し、そのことがコミュニケーションの中でしか育たない「人間感情」にかかわる言葉の習得を妨げることもあります。軽いために発見が遅れ補聴器の装用が遅れると、その影響が思春期まで及ぶことも珍しくはありません。

家族と仲間との経験の中で

幼稚部ではきこえる幼児との交流も大切にしています。幼稚部に在籍する子も、週に１・２回は、地域の保育園・幼稚園に受け入れてもらい、そこで生活します。また日頃は地域の保育園・幼稚園に通い、定期的に聾学校で指導を受ける「教育相談」の子もいます。いずれの場合にも、家族や同世代の子どもと共有する豊かな経験がことばの発達に役立つからです。

「聴覚に障害のある子どもでもことばは育つ、いや育てるのだ」という信念に支えられて教育された子どもが、学齢になって皆さんの教室に入っていきます。

ことばと発達から見た難聴児の問題点と指導の方向

語彙が増えていかない	遊びや生活の中で言葉の復唱を心がける。また、絵や視覚シンボル、経験を言語化してフィードバックに努める。
コミュニケーション	遊びやあいさつなど日常のコミュニケーションの中で、視線を合わせて話したり聞いたりする経験をつませる。
社会性が育ちにくい	トラブルや問題が起こった時には、その都度ていねいに状況を説明理解させ、取るべき行動を指示する。また、それにともなう感情面についても言語化してフィードバックする。

2 きこえの障害と言語発達① ―ことばの遅れへの配慮―

Q きこえに障害があると、ことばの発達が遅れると聞きましたが……

聴覚に障害があると、音声による情報の受容が制限され、話し言葉によるコミュニケーションが難しくなります。その結果、音声によることばの発達が遅れ、教科学習や社会適応上のハンディキャップが生じやすくなります。ですが、適切なかかわりや指導によりことばの発達を促すことができます。

ことばの発達が遅れる原因

難聴があると、知的には発達の遅れがなくても、ことばの発達が遅れます。

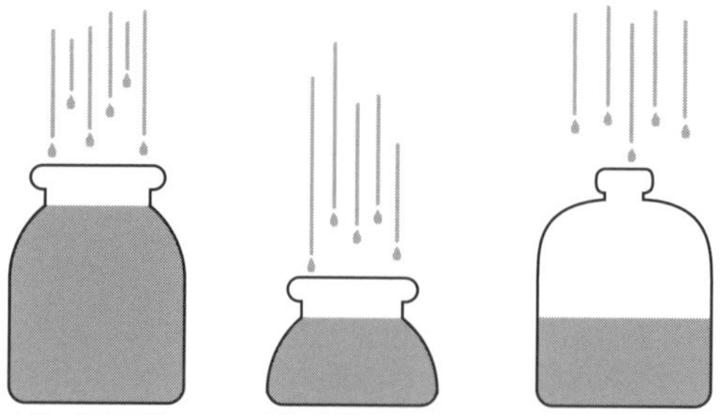

(a)きこえる子ども　(b)知的発達に遅れのある子ども　(c)難聴の子ども

上の図は、(a)きこえる子ども、(b)知的発達に遅れのある子ども、(c)難聴の子どもを「ビン」に例えたものです。

(b)は容積が小さいビン、(c)は(a)と容積は同じですが、口が小さいビンです。

この3つのビンを雨の日に外に出しておくと、(a)と(b)は水がいっぱいになりますが、(c)は口が小さいためにいっぱいになりません。

「びんの容積」を言語習得力、「雨」を言語刺激・ことばの学習のチャンスと考えると、以下のことがイメージできます。

- **きこえる子どもは、受けとめた言語刺激と学習のチャンスを生かして、ことばの力をどんどん伸ばしていく。**
- **知的発達に遅れのある子どもは、能力が弱いためにことばの発達が遅れる。**
- **難聴の子どもは、能力はあっても、きこえにくいために、受け止める言語刺激と学習のチャンスが少ないので、ことばの発達が遅れる。**

難聴の子どものことばの発達が遅れるのは、「情報の入力」が制限されるだけでなく、「情報の処理（理解）」や「情報の表出（表現）」の学習経験が少ないことも影響しています。

ことばを磨くチャンスが少ない

子どもは、新しい言葉を知ると、いろいろな場面でつかいます。適切につかうと「よく知っているね」とほめられ、不適切な場合には直してもらえます。こうして、語彙を増やし、助詞をはじめとした文法やさまざまな表現を身に付けていきます。

難聴の子どもは、聞こえにくいために新しい言葉を知る機会が少なく、また、やりとりの機会も少ないために、このような「ことばを磨くチャンス」が少なく、語彙や文法、理解や表現などさまざまな面においてのことばの発達が遅れがちです。

周辺の情報が制限されている

事情や経緯を十分に伝えてもらわないと、難聴の子どもにとって生活は「突然」の連続になります。

「お母さん、これからちょっとお隣まで町内会の連絡に行ってくるわね」

（これが伝わらないと）
突然、お母さんの姿が見えなくなることになります。お母さんはどこ？
とても不安になります。

「あなたの、この靴、小さくなっちゃったたから、新しいのを買ってくるわね」

（これが伝わらないと）
突然、お気に入りの靴がなくなり、新しい靴が置かれていることになります。ぼくの靴はどこ？
とてもとまどいます。

このような「突然の生活」が続くと、因果関係や脈略、文脈を学ぶ機会が少なくなってしまいます。その結果、難聴の子どもは、相手の立場を考えながら話を理解することが身に付かなかったり、自分勝手な思い込みで解釈してしまったりするかもしれません。

難聴の子どもに話を伝えるためには、手間がかかります。そのため、たくさんの情報を伝えきれず、必要だ、重要だと思うことしか伝えなかったり、その子が分かると思うことしか伝えなかったりしがちです。ですが、本来、その情報が大事かどうか、必要かどうかは難聴の子ども自身が判断すべきことです。また、その判断力を育てなければなりません。

要点や結果を伝え、その後、いきさつや事情、理由などの「周辺情報」についてもできるだけ丁寧に伝えていくことが大切です。

おしゃべり好きに育てる

私たちが大学院で学んでいたとき、難聴の大学院生が講義や研究発表会の後、疲れてぐったりしている姿をよく見かけました。限られた聴力を活用して音を聴き取りながら、話し手の表情、口・唇・舌の動きを見てことばを読みとること（読話）は、かなりエネルギーの必要なことなのです。長い時間続けることは困難です。

一方的に難聴の子どもにがんばりを求めないようにしたいものです。

- **会話の楽しさを教え、周囲の会話を聞こうとする気持ちを育てる。**
- **人や物、社会、自然への関心を育て、いろいろなことを知りたい気持ち、知ったことを伝えたい気持ちを育てる。**
- **人とかかわることを楽しみ、臆せず、質問し、話そうとする気持ちを育てる。**

聞こえにくいという障害にだけ目を向けるのではなく、他の子どもたちと同じように難聴の子どもに接し、当然のしつけをし、いろいろな経験をさせましょう。そして、自己存在感や自己肯定感情、自己有能感をもつ子、笑顔の多い“日光仮面”に育てましょう。

3 きこえの障害と言語発達② ―書き言葉の支援―

Q きこえに障害があると、書き言葉にも影響すると聞きましたが……

聴覚障害児・者にとって、書き言葉は、視覚的に情報を送受できるため、確実にコミュニケーションすることのできる手段です。インターネットやメールの活用や文字放送が広がりつつある今日の生活においては、ますます重要になっています。ですが、十分に活用するためには適切な指導が必要です。

難聴の子どもの書き言葉

学童期の難聴の子どもにとって、書き言葉を正しく理解したり適切に作文したりできることは、学習活動を進める上で欠かすことができません。しかし、難聴の子どもの書き言葉について、次のような問題が指摘されています。

文章表現力

取材力：きこえる子どもに比べて内容が乏しい。

構成力：きこえる子どもに比べて弱い。学年の進行にともなって発達するが、個人差が大きい。

描写力：きこえる子どもでは羅列的な記述から関係的な記述へ、単なる説明から想像力を加えた物語へと発展するが、難聴の子どもでは高学年になっても羅列的な記述、説明にとどまる。

文法能力

表記：読話、発語の不正確さにより、濁点のつけ間違いなど同口形異音語の書き誤りが多い。

（例）つづく → つつぐ、もも → ぼぼ

助詞：助詞の誤用が多く、用法も未分化である。

（例）ぼくに学校を行った。

構文：重文や複文、受身文等の複雑な構文での誤りが多い。

（例）私は雨が降るときバスを乗ります。

作文の指導

小網（2006）は、①風景画の様子を記述する作文 ②風景画の様子に関するテストにより、難聴の子どもの基礎的な文章表現力の実態を検討しました。

図１に示すとおり、難聴の子どもの作文の得点は、きこえる子どもよりも低いという結果でした。内容を詳細に分析すると、難聴の

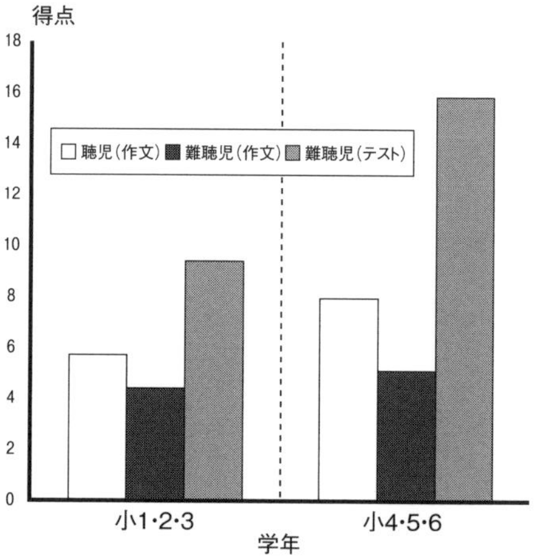

図１　作文とテストの結果

子どもは主観的、情緒的な内容についてはよく記述しているものの、構図や数量などの客観的な内容についての記述が少ないことが分かりました。

しかし、難聴の子どももテストでは高い得点を得ています。詳細に分析すると、記述の少なかった構図や数量についても認知しており、こうした客観的な内容について記述することを学習させる指導が必要なことが分かりました。

この研究ではさらに、こうした難聴の子どもの実態に応じたワークブック（**図2**）を作成して学習をさせました。その結果、難聴の子どもの作文の得点は、きこえる子ども（学習なし）よりも高くなりました。このことから、難聴の子どもの基礎的な文章表現力を高めることができるとしています。

文法の指導

受動文の習得は、自然な日本語の表現を身につけることや複雑な構文の理解と表出につながる重要な課題です。しかし、多くの難聴の子どもが苦手としています。

I．どこにいるか、どこにあるかの書き方を練習《れんしゅう》しましょう。絵を見て、答えなさい。

(　)に合《あ》うことばを□から選《えら》んで書きなさい。
① 子どもが（　　　　）で 泳《およ》いでいる。
② 家が（　　　　）に たっている。
③ 船《ふね》が（　　　　）に ういている。

海《うみ》　海《うみ》　砂浜《すなはま》

男の子が山に立《た》っていますが、
「男の子がちかくの山に立《た》っています」
と書くと、どこにいるか、くわしく分《わ》かります。
(　)に合うことばを□から選《えら》んで書きなさい。
① 女の子が（　　　　）に 立《た》っています。
② はたが（　　　　）に 立《た》っています。

ちかくの山　とおくの山

女の子が橋《はし》にいますが、
「女の子が橋《はし》のまん中《なか》にいます」
と書くと、どこにいるか、くわしく分《わ》かります。
(　)に合うことばを□から選《えら》んで書きなさい。
① 男の子も（　　　　）に います。
② ねこが（　　　　）に います。

橋《はし》のまん中《なか》　橋《はし》の先《さき》

図2　作文のワークブック

言葉の意味を確認し、位置の表し方を学習する。

図3　難聴の子どもと作った受動文の学習カード

カードを使って、以下の能動文と受動文を学習する。
①鬼が（女の子を）追いかける。
②女の子が（鬼を）追いかける。
③女の子が（鬼に）追いかけられる。
④鬼が（女の子に）追いかけられる。

小網（2002）は、**図3**のような絵カードを利用して、難聴の子どもを対象に受動文の指導を行いました。

この研究では、格助詞「が」「に」「を」の指導と合わせ、動作化や適切な主語の設定を判断させるステップを取り入れることで、能動と受動についての理解の深化を促しました。その結果、難聴の子どもが受動文を理解し、適切に表現できるようになったとしています。

このように、難聴の子どものつまずきに応じて適切な指導を行うことで、書き言葉の力を高めることができます。また、難聴の子どものことばの力を高める上で、視覚情報である書き言葉の学習は効果的です。

つまずきは、ことばの指導の教材になりますので、きこえの教室にも知らせてください。

（例）消しゴムを借りるときに「借りてください」と言った。

（例）チョコレートをもらったときに「チョコをくれた」と言った。

4 軽度・中等度難聴の子どもへの対応

Q 軽度難聴と診断されましたが、よく聞こえているように思えるのですが……

難聴と言っても、その程度はさまざまです。軽度、あるいは中等度と診断される子どもは、多くの場合「問題はない」と言われがちです。しかし、きめ細かく観察すると問題をかかえているケースもあり、あなどることができません。

難聴の程度と生ずる問題点

問題の生じ方は、難聴になった時期や程度によって、さまざまです。3歳以前に失聴したお子さんの場合には、言語獲得にダメージを受けやすいのです。幼児期以降に、病気などの原因で聴力が低下する場合には、聞こえていた音が聞こえなくなるので、心理的な不安が増大しがちです。

従来は、聴力レベルの厳しいお子さんが、聾学校幼稚部で支援を受け、就学後は通級指導を受ける、というケースが多く見られました。近年は、軽度や中等度のお子さんが就学前検診や小学校入学後に難聴が確認され、通級を始めるケースも多くなっています。

中等度難聴に補聴器は有効

中等度のお子さんは、近くの音の聞き取りや1対1の場面では困ることが少ないので、補聴器がなくても、乳幼児期のコミュニケーションには不自由しないこともあります。しかし、就学して活動とコミュニケーションの範囲が広がると、コミュニケーション上のトラブルに巻き込まれがちです。

補聴器は、軽度や中等度のお子さんにとっては、そのコミュニケーションを大きく変えてくれるありがたい機械です。重度や最重度のお子さんの場合には、補聴器をつけても耳から入る情報は不十分であるケースが多いのですが、中等度のお子さんの場合には、日常生活では困らない程度に情報が保障されるこ

難聴の区分ときこえの影響

難聴の程度	聴力レベル	きこえへの影響
軽度 mild	25～50dB	・声が小さかったり、話し相手が見えない場合に、聞こえにくい。 ・騒音下や遠隔での話を聞き逃すこともある。　・無声子音を聴き違いやすい。
中等度 moderate	50～70dB	・知っている語彙と構文で話してあげれば、1～1.5mの距離で対面した会話は理解しやすい。　・補聴器をつけないと聞き取りづらいことが多い。
高度 severe	70～90dB	・補聴器をつけないと、耳から30㎝くらいの距離の大きな声がやっと聞こえる。 ・補聴器を最適に調整できれば、会話音の聞き取りも可能になる。
重度 profound	91dB～	・補聴器の力で、韻律情報や母音の聞き取りが期待できる。 ・口の動き、手指サイン、絵、書き言葉など、視覚情報が有効になる場面が増える。

出典：大沼直紀（1997）『教師と親のための補聴器活用ガイド』コレール社

とも少なくありません。このことを私は「中等度のお子さんの問題の８割は、補聴器が改善してくれる」と説明してきました。

補聴器をつけた後

中等度のお子さんの場合には、補聴器をつけさえすれば、専門機関に通わなくてもいいと考えがちです。しかし、補聴器をつけて学校生活を送る際には、機械の調整やその利用法、さらには心理的適応や周囲への啓発など、大小さまざまな問題が生ずるのが普通です。

また、補聴器をつけても解決できない問題として、「周囲の障害の受容」という心と環境の問題、補聴器のはたらきが悪い場所（屋外や騒音下）での対応などもあります。さらに、補聴器装用が遅れたことによって、ことばやきこえへに影響が出ていることもしばしばです。話すことはできるのだけれども、子音の発音が非常に悪かった、というケースも何回も見てきました。中等度のお子さんについても専門の機関での支援は必要です。

軽度難聴の場合

軽度難聴のお子さんは、お医者さんから「心配はいりませんよ」と言われ、そのままになってしまうケースがあります。

しかしながら、私たちが見てきたお子さんには、次のような問題を抱える場合がしばしば見られました。

- **友人関係でトラブルを起こしがちである。**
- **発音や聞き取りのニーズがある。**
- **集団でのコミュニケーションが苦手で、授業で苦労する。**

軽度のお子さんには、静かな環境で学習支援したりや悩み事の相談にのったり、という個別での指導が有効であることが多いです。私たちは、経験上、「平均聴力35dB」を補聴器装用の一つの基準と考えています。近年は、非常に小さくて性能の良い補聴器も開発され、軽度や中等度のお子さんの補聴器の選択肢が広がっています。

難聴の診断を受けたら、その程度を問わず、聾学校の相談部（名称は施設によりさまざま）など、専門機関で相談を受けるのが適当です。年に１回程度の相談で済む場合もありますので、気軽に扉をたたきましょう。

「きこえ」と「ことば」

難聴の程度がきびしいと、ことばのおくれも大きくなる、と考えがちです。しかし、現実は違います。

きこえに厳しい制限があっても、聴覚を使って情報を手にいれ処理していく力（＝聴能）が高い子の場合には、就学後の学業成績が優れていることも多くあります。逆に、難聴の程度は比較的軽いのに、ことばのニーズを抱えている場合もあります。聾学校で早くから発音や聴き取りのトレーニングを受けてきた高度・重度の子どもよりも、入学直前になって難聴が分かった子どもの方がニーズが大きいこともしばしばです。

難聴のお子さんの場合、聴力レベルは子どもの状況を決定する大きなファクターですが、生育歴などその他の要因も加味して、支援の内容を検討していきます。

5 難聴の子どもとのコミュニケーション

Q 話し言葉でうまく通じあえないなら、どうしたらいいのでしょう

難聴の子どもと初めて接する先生方は、子どもの言うことが分からなかったり、自分の語りかけが相手に正しく伝わっているのか不安に思ったり、さまざまな問題に直面します。重要なのは時間をかけてじっくりと「語り」「聞く」ことです。つきあっているうちに、次第に分かりあう関係ができてきます。

子どもの方も分からない

難聴児は、発音が明瞭でないことがあり、慣れている家族でも分からないことがあります。初めて難聴の子どもと接する時は、戸惑うことが多いものです。

でも、そこで大人は考えてほしいのです。実は、うまく発音できない音は、聞きとりはもっとできないのです。ですから、難聴児の話を聞いて「何を言っているのか分からない」と教師が考えたとすると、同じ思いを相手の子どもも必ず抱いているのです。「分からなくて困る」のは子どもも同じ。社会経験に乏しい分だけ、状況は子どものほうが深刻です。まずその「よく分からないで困っている」という現状を受け止めてほしいと思います。

「聞く」と「伝わる」は裏表

子どもの話の分かりづらさ、教師の話の伝わりづらさ、これは子どもの聴力レベルとそれまでに積み重ねてきた社会経験、そして、それによって培われた言語力によってさまざまです。聴力レベルは厳しいのに発音が驚くほどきれいな子や、聴力的には比較的軽いのに発音が不明瞭になりがちな子など、個人差が大きいものです。次のようなことを手がかりにして、ともかく時間をかけて、つきあって話していくことが重要です。そのうちに、分かり合えるようになっていきます。

①母音はお互いに分かりやすい。
②子音が置換（「ス」が「シュ」になる）したり脱落（抜けてしまう）しがち。
③脱落する子音は、イ段やウ段の無声音（s、t、k など）が多い。
④それぞれに分かりやすい適正なスピードがある。

子どもの発音の誤りや聞きづらさはデタラメではありません。聴力レベルに支配される一種のルールがあります。そのルールがなんとなく分かってくると、ずいぶんと聞きとりやすくなります。

文脈とキーワード

もう一つ重要なのが「文脈」です。「その時の話題が何なのか」が分かると、急に話が見えてきてスムーズに伝わります。最大の手がかりは「キーワード」です。

次の例で考えてみましょう。

「明日は身体計測がありますね。今日はお風呂に入って体をきれいにしてきましょう

ね。それから家の人に話して新しい下着（パンツでもいい）を着けてきましょう」

この連絡で何が分かったら「分かった」ことになるのでしょうか。それをキーワードで言うと「身体計測・家の人に言う・お風呂・新しい下着」ぐらいでしょうか。そこで、このキーワードが伝わるように工夫するわけです。「身体計測」は板書します。お風呂や下着はジェスチュアでも分かるかもしれませんね。「家の人に言う」は、お願いの仕草でもよいかもしれません。このようにキーワードに注目すると分かり合うことがずっと楽になります。

読話は重要なテクニック

読話というのは次のようにして話の内容を類推する技術です。

- **口の形から母音を類推する。**
- **唇や舌の動きからいくつかの子音を類推する。**
- **話の前後関係（文脈）と照合させて、単語や内容を類推する。**

音声だけでは分かりづらいレベルの難聴の子どもは、小さい頃からこの練習を行います。「読話」（話を読む）というのは、単に唇の形だけではなく、文脈の力も借りて話の内容そのものを類推していくことからつけられています。ですから、「口を見せて」話してもらうのが有効なことが多いし、「話を読む」ので、一音一音ボツボツと切られると、かえって分かりづらいようです。文脈をつかんでいる時には精度が上がりますし、言葉をよく知っている子は読話も上手です。「読話させやすいしゃべり方」は経験しながら身についていきます。難聴の子どもとたくさんつきあっている人は、自然に読話させるのが上手になります。

五感をフルに使って

子どもは全神経を集中し、さまざまな感覚を組み合わせて話を聞こうとします。読話する子は、耳からの刺激（聴覚）と目からの刺激（視覚）の両方を活用し、脳でそれを統合して認知しています。教師の側も五感をフルに使って、表情やジェスチュア、文字にイラストなど、多彩な工夫が可能です。

読話以外の方法としては……

①筆談

文字が書ける年齢ならば可能。漢字力により効果に差が出る。時間や手間がかかるので長時間はなかなか難しい。キーワードを伝えるための部分的使用は非常に有効。

②通訳・ノートテイク

近くや隣りの子どもにやってもらう。頼まれる子どもの負担が大きいことを忘れずに。

③手指言語

手話･指文字などを使う方法。できるスタッフがどれくらい確保できるかが問題。また難聴の児童・生徒は必ずしも手話を使うとは限らない。

6 通級による指導のシステム・内容

Q 「通級による指導」のシステムと指導内容などを教えてください

「通級による指導」は、平成５年度からスタートしました。「設置校以外の難聴児も指導が受けられる」「通常の学級在籍のままで指導が受けられる」というユニークな制度です。きこえの教室では、きこえに関する相談を随時受け付けています。

通級指導開始までの流れ

入級に関する手続きは、各都道府県などが定める「通級による指導実施要綱」などに基づいて行いますが、実際には次のような流れが多くなっています。

詳しくは教育委員会か最寄りのきこえの教室にお尋ねください。

在籍校あるいは保護者からの相談申込

↓

きこえの教室での教育相談
- 相談内容についての確認
- 聴力測定
- 聞こえ方のチェック
- 言語力の評価
- その他（心理検査等）

↓

入級手続き
- 在籍校から教育委員会への報告
- 通級指導教室から在籍校への指導内容と時間の連絡

- 相談の結果、入級に至らない場合でも、家庭や学級での配慮事項について助言したり、定期的に「きこえのチェック」を行ったりすることがあります
- 提出書類については、きこえの教室担当よりお知らせします。

通級による指導とは

通級による指導について、文部科学省は次のように説明しています。

小・中学校の通常の学級に在籍し、比較的軽度の言語障害、情緒障害、弱視、難聴等の児童生徒を対象として、主として各教科等の指導を通常の学級で行いながら、障害に基づく種々の困難の改善・克服に必要な特別の指導を特別の指導の場で行う教育形態

《平成10年度　我が国の文教施策》

補足説明をします。

「小・中学校の通常の学級に在籍し……」

通級の対象になるのは小学生と中学生で、幼児や高校生は通級による指導の対象ではありません。

地域によっては、幼児を対象とする相談室が設置（併設）されているところや、きこえの教室で高校生の支援を行っているところもあります。詳しくは教育委員会か最寄りのきこえの教室にお尋ねください。

「主として各教科等の指導を……」

通級児童生徒が通級による指導を受ける時間は週８単位時間以内とされています。したがって、通級児童生徒は大半の時間を通常の学級で過ごします。

「特別の指導を……」

特別な指導は、２つあります。１つは、「自立活動」、すなわち、心身の障害の状態の改善又は克服を目的とする指導です。

もう１つは、「教科の補充指導」です。自立活動の指導と教科の補充的指導を併せ、標準時数は週１～８単位時間程度とされています（平成18年３月改正）。

きこえの教室の指導

難聴児本人・保護者と在籍学級の担任、きこえの教室担当で目標と内容、通級する時間数などを話し合い、個別の指導計画を作成して指導を行います。

・聴覚管理

定期的に聴力測定や聞こえ方のチェックを行い、子どもの「きこえ」を見守ります。

・聴覚学習

補聴器を使って音や言葉を正しく聞き取ったり、相手の話を理解するコツをつかんだりできるようにします。

・言語指導

分かる言葉や使える言葉を増やし、ことばの発達を促進します。

・発音指導

コミュニケーション意欲を育て、相手に伝わる話し方や発音ができるように指導します。

・適応指導

トラブルの解決の仕方を考えたり、思う存分自己表現することでストレスを発散したりします。自信をもって生活できるように、障害の理解を促します。

・教科の補充指導

小学生は国語・算数を中心に「あらすじや要旨の読みとり」「テストの設問の読解」「文章題」など、中学生は「英語」や苦手な教科について指導します。

在籍学級ときこえの教室との連携

担任の先生方と力を合わせて難聴児を支援するために、多くのきこえの教室では、次のような取組をしています。

・きこえの教室の公開

実際にきこえの教室を参観して、学習の様子を知ることができます。学習の様子を学級の子どもたちに伝えてもらえると、難聴児に対する理解が深まります。

・在籍学級の訪問

きこえの教室の担当が在籍学級を訪問し、学級での生活や学習の様子を知り、指導に生かします。担任の先生方に支援のアイデアやツールを具体的に提案させていただくこともあります。

・出前授業

実践を項目11、22で紹介しています。

〈トピック1〉 きこえの教室だより①

●通級による支援をはじめるにあたって

難聴の子どもは学校生活の多くの時間を在籍学級で過ごしており、先生方や友達とのかかわりがとても重要です。難聴の子どもの学校生活を充実させるためには、きこえの教室と担任の先生との連携が欠かせません。そこで、聞こえにくいということ、難聴の子どもの気持ち、指導の様子などについてエピソードを通じて知ってもらいたいという願いを込めて「めっせーじ」を発行してきました。特に年度初めには、”共育の仲間”というメッセージをお伝えしてきました。担任の先生方からも「学級通信・学年通信」が届けられ、連携を深めることができました。

めっせーじ

きこえの教室通信 No. 74
2000. 4. 28
柏崎小学校 tel & fax 24-1091
第一中学校 tel 22-4158
fax 22-4159

きこえの教室 が リニューアル！

◇ 「難聴学級」から「難聴通級指導教室」へ衣替えしました
◇ 教室が「柏崎小学校」「第一中学校」の２つになりました
◇ 指導対象が「小１から中３まで」と広くなりました

保護者の皆さんの熱意と関係各位のご尽力により、難聴通級指導教室が開設され，小学生４名，中学生６名，指導担当１名でスタートしました。
「きこえの教室通信」では，きこえや難聴にかかわる話題，子どもたちの指導や支援に関する情報などをお伝えします。また，今年度は５回の「保護者会」「先生方との連絡会」を予定しております。
学校や学年行事などの予定をお知らせください。また、配布資料をいただければ、事前学習に活用できますのでお願いします。

よろしくおねがいします

担当 小網輝夫

好きな言葉は「あこがれ」です。
のびのび楽しい教室を目指します。
気軽に声をかけてください。

他 己 紹 介

▲ 以前担当した子どもが書いてくれたものです

１０名のお子さんをおあずかりします。１年後には，出会いのときよりも大きく成長させてお返しできるよう最大限の努力をすることをお約束します。初めから「別れ」の話とは奇妙な感じがするかもしれませんが，教師とは１年勝負の稼業と考えております。
共に子どもを育て，子どもと共に育つ“共育の仲間”として，よろしくお願いいたします。

きこえの話① 「わずかでも，聞こえにくさは大きなハンディ」

学校の聴力検査は[1000 ヘルツ 30 デシベル][4000 ヘルツ 25 デシベル]という２つの音を使って，聞こえにくさがあるかどうかを調べます。この検査をパスしない場合，次のようなハンディの生ずる可能性があります。耳鼻科での診察をあわせ，きこえの教室にもご相談ください。

ことばへの影響	心理的社会的影響
● 小声や離れた所の会話の聞き取りが難しい。友達の速いペースのやりとりが理解できない。 ● 教師が１m 以上離れていたり，教室が騒がしかったりすると，会話の 10%を聞き逃してしまう。	● 場にそぐわないことをする子ども，幼い行動を示す子どもと見られてしまうことがある。 ● 聞き取る努力が必要なので，他の子ども以上に疲れを感じることがある。

「子どもの難聴が長期的におよぼす心理／社会面への影響とそれに対する教育の必要性（リオン社）」をもとに作成

第２章　小学生の支援

7 ことばの力を伸ばすために

Q きこえの教室ではどのように、ことばの支援を行うのですか

「なんでもない言葉なのに知らない」「言葉をしっかり覚えていないのか、書かせると書き誤る」「聞きとりにくい助詞や助動詞は理解もあいまいで、作文や日記を書くのが苦手のようだ」こんな傾向があるとすれば、毎日の学習で着実にことばの力を育てていくことが必要です。

語彙《い》を増やしたい

小学校に入学する時点で、一般的には４千～５千語程度の理解語彙があるそうです。しかし、難聴の子どもは、語彙に偏りがあり、語彙数もこれよりはるかに少ない場合がしばしばあります。きこえの教室では、難聴児が知らない言葉について取り立てて指導しています。例えば次のような問答をよく行ってきました。

「１年の中にある季節は何と何でしょう」

こんなことを尋ねながら、まず「きせつ」を理解させるために、「春は、桜の花が咲いて……」と説明します。「その次は？」ときくと、「夏」と答えるのですが、その次の「秋」を知りませんでした。そこで「秋」を確かめ、「冬」は知っていたので「みんなまとめて季節というのだよ」としめくくります。きこえの教室で、このような説明を何度したことでしょうか。

算数の学習をしていて「ほかにどんなやりかたがありますか？」と尋ねると、首をかしげています。どうも「ほかに」の意味がわからないようです。そこで、こんなふうに尋ねてみました。「くだものには何があるかな？」「バナナとぶどう」「バナナのほかに、ぶどうがあるね。ほかに何があるの。もっと言ってごらん」「りんご」「ほかに、りんごがあるね。そういうのを『ほかに』というんだよ」今度はわかってくれました。

辞典と日記と予習

小学１年生のＡさんは、入学してから次の３つのことを続けてきました。

①『ことば絵辞典』を自分で使うこと
②日記を『あのねノート』に書くこと
③国語と算数の予習をすること

この３つですが、まず、『ことば絵辞典』を持たせたいと思います。『ことば絵辞典』

はいくつかの会社から出ています。分からない言葉が出てきたら、まずはお母さんから教えてもらうでしょう。その次は、ぜひ自分で調べる習慣をつけさせたいと思います。『小学国語辞典』は数種類のものが出ていますが、そこにいくまでのつなぎに、絵の入った辞典はとても役立ちます。

次に、日記ですが、これは１年生の『あのねノート』を続けました。お母さんとその日の出来事などを話し合いながら、毎日書き続けるノートです。表記や言い回しの間違いがあれば、すぐ教えてもらえます。

> ながおかおおはなびたいかい。２かかんおおておおはしのちかくまでいってみました。ちかくでみたからおおきくて、おともとてもうるさかったよ。ナイアガラもはじめてみれたよ。たのしみにしていたさんじゃくだまがしっぱいでちょっとがっかりしたけどきれいだったよ。はじめてみるデザインのはなびがいっぱいみれてうれしかったよ。
>
> （Ａさんの絵日記から）

Ａさんは、何度か間違えても次第に正しい表記を覚え、間違いが少なくなってきました。

きこえの教室では毎週１回２時間程度ずつ勉強するのですが、国語と算数の予習を中心に学習しています。まず、教科書を音読し、読み方や意味の分からない語句について調べたり話し合ったりします。発音や聞きとりの練習も、国語や算数の教科書を使って続けてきました。国語の教材文や算数の文章題は予習をかねて視写します。教科書に出てくる言葉は、聞きとって正しく書けるように練習します。こうして、次に自分のクラスで勉強するときに、どんな勉強をするのか、おおよその見当がつくようにしておきます。

漢字の理解は聞きとりにも影響

「降」という漢字を見たら、雨や雪が「降る」ことだと分かる、そんな、漢字の力を身につけさせたいと思います。漢字を理解していることは、文章を読解し自分の考えをまとめる時の大きな助けになるだけでなく、聞きとりにも好影響を与えます。４年生の社会科で「降水量」という用語を習います。「こうすいりょう」と聞いた時に、「降」という漢字が思い浮かび、さらにその「降」の字が「降る」だと分かれば、授業内容の理解は飛躍的に高まります。

ことばの辞典や物語の本とともに、漢字の辞典を手もとに置いて、低学年のうちからいろいろな漢字や漢字の熟語に親しませるようにしましょう。また、聞きとった言葉を漢字で書かせたり、音と訓を確認したりと、日頃の聞きとった言葉を頭の中で漢字に変換する練習が漢字の力を伸ばします。漢字の力が伸びることは、ことばの豊かな世界への可能性を広げます。

8 座席と板書

Q 座席や板書はどうしたらいいのでしょうか

補聴器をつけて、さあ授業が始まります。しかし、難聴の子どもたちは、補聴器を装用しているからといって、すべてを聞きとれるわけではありません。先生の口形や板書などの視覚的な手段を手がかりにして、授業に参加することになります。そのため、座席や板書などの配慮が大切になります。

聴力レベルと読話《どくわ》

実際の授業の場面では、40人近くの学級の中で、補聴器は必ずしも十分に聞きとりの役に立つわけではありません。聴力の厳しい子どもほど、視覚的な手段に依存する度合いが大きくなります。それは、「読話」と「板書」です。

子音は、舌の位置や動き方、唇が閉じられたかどうかなどから推し量り、母音は、「アイウエオ」の口形から読みとります。これを読話といいます。これまでの経験では、80dB前後の聴力レベルでは読話の必要が必ず生じてきます。この場合は、話す人の顔に注目するように注意を促し、傾聴態度を育てることが大切です。これより聴力がよい場合は、耳だけで聞きとれていることもあるようです。

90dB程度を越えると、耳で聞きとれる部分は急激に減少します。聴覚活用に読話という視覚的手段を併用し、複数のチャンネルから手がかりを得なければ、会話を理解することは難しくなります。この場合、口もとを隠されると何を話しているのか、耳だけでは聞きとれないのです。

さらに、100dBを越えれば、先生の発問や級友の発言を理解することは相当に困難であるといってよいでしょう。

読話の大切さ

それでは、このような最重度難聴である100dBとはどんな世界でしょうか。

100dBの子どもたちでも静かな場所での1対1の会話なら、聞きとれることもありますし、分かりにくければ聞き返すこともできるのです。

しかし、40人で授業を受けている時には、とても聞きとりにくく、質問もしにくいでしょう。

いきおい、注意力の続く限り先生の口形を読話し、板書やテキストを読んで、あとは周囲の様子を見ながら、授業の進み具合を推測する、といった状況にならざるをえません。

「じっと口もとを見つめて読話し続けるせいか、授業中はとにかく疲れて肩がこるらしいのです」

これは、子どもたちの親御さんからしばしば聞くことです。読話に相当に疲労がともなうことは容易に推測されます。このように、読話は決して容易でも万能でもありませんが、聞こえにくい子どもたちにとっては、話を聞き取るためにとても大切な手段です。

とくに低学年では、先生の顔に注目するように注意を促したりし、話す人の顔を見ながら聞く態度を育てることは、難聴児の場合には、とても重要なことです。

望ましい座席について

ある時、難聴学級に通ってきた５年生の女の子が、こんなことをぽつりと言いました。

「このあいだ学級で席替えをしてから、授業がよく分からなくなったみたい……」

わけを尋ねると「先生の口もとが暗くて、よく見えなくなった」ということでした。廊下側の列に座席が移ったために先生の口もとが陰になり、見えにくいということのようでした。たしかに実際に起こりそうなことだと思いました。また、この子はやはり読話に頼る部分が相当大きかったのだなと改めて感じさせられました。読話をするためには、授業をされている先生の口もとが明るく、視野に入りやすい位置にあることが大切です。

「補聴器をつけている子どもの席は、中央あるいは左より（窓側）で、前から２～３番目に」

これは、先生の口もとが逆光にならず、よく見えるので、難聴の子どもにも十分に指示を与えることができます。

難聴児は授業の初めには、理解の立ち上がりが遅い傾向があります。そのため、クラス全体の動きを視野に入れやすく、授業の内容をつかみやすい座席にいることも大切なポイントといえます。

「窓側の左側で前から２～３番目の席」というのは、以上のような観点から、大変によい位置なのです。

コの字型の座席配置も友達の発言を読話するのに適していて、難聴の子どもにとっては授業に参加しやすいようです。

キーワードを板書する

難聴児の授業参加をより良いものにするためには、１時間の授業のテーマや活動についての「最初に１行の板書」が有効です。これがあれば、その授業の理解度はぐんと上がると考えられます。また、その日の日程や授業の予定などの連絡事項が黒板の一角に書かれてあれば、１日の流れも大変理解しやすくなります。このような板書は、長く細かく書く必要はありません。大切なキーワードを簡潔に書きましょう。

9 日常生活面での配慮は必要ない

Q 日常生活面で配慮すべきことは何でしょうか

日常生活でのトラブルの多くは、音声情報を伝え合いにくいことが原因です。このことに配慮する必要はありますが、その他のことについては、他の子どもと同じように接してください。聴覚障害があるということだけで特別扱いすることは、難聴児の成長を妨げかねません。

難聴児も普通の子ども

難聴児も聴覚障害以外は普通の子どもです。難聴児には「聴覚障害の子どもの部分」と「普通の子どもの部分」がありますが、「普通の子どもの部分」の方がはるかに大きいのです。障害が軽度であっても重度であっても、聴覚障害はその子どものほんの一部に過ぎないのです。

聴覚障害があるということだけで特別扱いしすぎて、「普通の子どもの部分」をダメにしたり、伸ばせないことがあったりしてはいけません。

家庭も学校も、その子どもに何ができて何ができないのかを理解し、できることができる環境を整え、できないことをどうするか対策を考えることが必要です。

（例）

×　聞こえないからチャイムが鳴っても気がつかない。

○　聞こえないけど、チャイムにランプを付ければ分かる。

マニュアルはない

ある保護者は、小学校入学の際、「これまでにたくさんの難聴児が通常の学級で学んできているのに、難聴の理解や難聴児への配慮について知られていない。なぜなのか疑問だ」と訴えました。ところが、入学後、トラブルを一つ一つ解決していくうちに、「同じ難聴でも、配慮すべき点が子どもごとに違うということに気がつきました」と話してくれました。

別の保護者は、専門家に「難聴児を育てるのに何かよい本はありませんか」と聞いたところ、「そんなものはありません。子どもによってそれぞれ違います。子どもの様子を

しっかり見て、その時々に子どもにとって必要だと考えられることをしていけばいいのです」と言われて、目がさめた思いがしたそうです。

先取りをしない

難聴児にとって良かれと、あれこれ気を配っても、実際には役に立たないこともあります。先取りをしてお膳立てし、道を作ってやるのではなく、その子どもがつまずいたときや立ち止まったときに、一緒に考えて工夫し乗りこえていくことが大切です。

校庭での活動の際、Ａさんの担任の先生は、いつもＡさんに声をかけてから集合の合図を出していました。

ある日、この先生は、集合の合図に気づかなければ呼びに行くことにして、Ａさんを待ってみました。すると、特別に声をかけなくても、一足遅れですが、周囲の状況を見て集まることができました。

このことがあってから、Ａさんの担任の先生は、事前に手を貸してしまうのではなく、困ったときに手を差し伸べることを心がけるようにしたそうです。自分で考えて行動する姿勢を身につけさせるためにも、“待つ”ことはとても大切です。Ａさんは、「一足遅れ」のないようにする手立てを考えるはずです。

また、高学年になると、難聴に対する配慮を負担に思ったり、目立ちたくない、ハンディのことをことさら取り上げてほしくないと思ったりするようになるということも心にとめておきたいことです。

トラブルはチャンス

難聴児は、耳から入ってくる情報が少ないので、微妙な言い回しが分からず、私たちが何気なく使っているような言葉でも知らなかったり、悪気はないのに誤解を受けるような言い方をしたりすることがあります。

コミュニケーション上のトラブルは避けられません。ですが、きこえの教室としては、

「成長のいいチャンスです。いい経験だと思ってください。これでこそインテグレート（統合教育：通常の学級で学ぶこと、生活すること）した意味があるんですよ」

と申し上げたいと思います。

その子のニーズに合わせて

ここまで紹介してきたように、学齢に達した難聴の子どもには、生活全般にわたる懇切丁寧な配慮は必要ではないことが多いのです。ところが、現実の学校生活では、とまどいや不適切な行動を重ねているケースもあります。その原因を探ると「分からないからうまくできない」というケースが圧倒的です。言い換えるならば、「分かればできる」のが難聴の子どもです。

近年「特別なニーズ」という言葉が特別支援教育の分野で盛んに使われるようになりました。難聴の子どもが必要とするニーズは、情報獲得やコミュニケーションにかかわるものがほとんどです。それは学校生活の各場面で違った様相を示します。その子のニーズに注目して配慮や支援をお願いします。

10 友達とのかかわり

Q 友人関係で配慮すべきことは何でしょうか

小学校入学とともに、生活の場が家庭→学校→社会へと広がり、人間関係も母親→教師→友達へと広がります。小学校高学年以降は友達が人間関係の中心になり、子どもにとって、「友人関係」はとても大きな問題といえます。

学級の保護者へのはたらきかけ

「聴覚に障害のある子と同じクラスになるチャンスに恵まれました。この機会を生かし、助け合い、協力し合う学級作りをしていきたいと思います」

このように、学級懇談会の機会を利用して、難聴の子どもがクラスにいることはプラスになるという話をしておくと、学級の保護者の理解を得ることができます。さらに、保護者からの子どもへのはたらきかけも期待できます。また、難聴の子どもの保護者も安心して子どもを学校へ送り出すことができることでしょう。

トラブルの原因

トラブル、けんか、孤立、いじめ、不登校などの大半の原因は、「友達とのコミュニケーション」のつまずきです。「コミュニケーション」に関することは、難聴の子ども自身では解決できないことです。したがって、教師や親が配慮する必要があります。

「いきなり、ぎゅっと……」

難聴のＡさんの言い分は「Ｂ先生が絵を貼っているのを見ていたら、だれかが僕の肩をぎゅっと強くつかんだ。だから、振り向きざまに蹴った。そしたら、Ｃさんのおなかに足が当たって泣いた」というものでした。

一方、Ｃさんの言い分は「Ａさんの肩をもんであげようと思った」ということでした。優しいＣさんは、耳の聞こえない彼のことを気遣って、何かしてあげたいという思いだったのでしょう。

ところが、Ａさんの方は、休み時間の騒音の中で、先生の作業に見入っていたのでした。だから、「Ａさん！」と後ろから声をかけられても聞きとれなかったのでしょう。また、Ａさんにとっては、いきなり肩をつかまれ、びっくりし、とっさに足が出てしまったのでしょう。

Ａさんには、Ｃさんの気持ちを伝え、どんな場合でも乱暴は許されないこと、「やめてよ」「痛いよ」「どうして、そんなことをするの？」と言葉で伝えるように言い聞かせました。

Ｃさんには、Ａさんの気持ちを伝え、顔の見える正面から軽くとんとんと肩をたたいて声をかけてくれていたら、Ａさんも蹴らなかったんだよ、と話しました。

声をかけたつもりでも伝わらない場合には、難聴の子どもにとっては、突然の出来事になってしまいます。また、難聴の子どもの中には、話しかけるのが苦手なので、つい手や足が出てしまう子もいます。

「せっかく誘ったのに……」

気の弱いＤさんがドキドキしながらも、勇気を振り絞って、難聴のＥさんを「外で一緒にドッジボールしようよ」と誘いました。ところが、Ｅさんに「一緒にはやらない！」と真顔で言われてしまい、Ｄさんはすっかりしょげてしまいました。

実は、Ｅさんは、たまたま先生に呼ばれて教務室に向かう途中だっただけなのです。Ｄさんは事情が分かると、「Ｅさんは、僕のことが嫌いなわけじゃないんだ」と、ほっとした様子です。

Ｅさんも、Ｄさんの気持ちが分かり、答え方の大切さに気づくことができました。そして、「Ｄさん、ごめんなさい。あの時は、教務室の先生の所へ行く途中だったから遊べなかったの」と謝りました。

難聴の子どもは、微妙な言い回しが分からず、悪気はないのに誤解を受けるような言い方をしたり、相手を傷つけるような言い方をしたりすることがあります。トラブルを利用して、適切な表現の仕方を具体的に教えていきましょう。

難聴の子どもに対して、結論しか伝えないことがあります。結論に至るいきさつや事情、理由などが伝えられないため、難聴の子どもも味気ない答え方をしてしまうようになるのかもしれません。要点や結果を伝え、その後、“周辺情報”についてもできるだけ丁寧に伝えていくことが大切です。

「返事したのに……」

難聴のＦさんが「Ｇさんが僕の自転車を盗んだ」と泣きながらやってきました。

次の日、Ｇさんに事情を聞くと、「Ｆさんに貸してといったら、『うん』と言ったので借りたんです。僕が自転車に乗ったら、Ｆさんが急に怒り出したみたいだったから、すぐに返しました」とのことでした。

Ｆさんに、Ｇさんの言い分を伝えると、「そういえば、自転車が何とかと言っていたみたいだ。よく分からなかったけど、自転車のことだなと思ったから、『うんうん』と言って聞いていた」と話してくれました。

Ｇさんは、Ｆさんの話を聞いてようやく、事情が分かったようです。それからは、Ｆさんにしっかりと顔を合わせてゆっくり丁寧に話すようになりました。

Ｆさんも、「よく分からないときには、自転車がどうしたの？　と聞くようにすればいいと思う」と反省しました。

難聴の子どもは、話の大体の感じをつかんで、あいまいに理解していることがあります。つい「聞こえないから」と言いわけをしてしまいがちですが、Ｆさんのように、聞こえないなら聞こえないなりにどうしたらよいのかを考え身に付けていくことが必要です。

子どもたちは、難聴の子どもに慣れ親しんでくると、つい「難聴がある」ということへの意識が薄れがちになります。機会あるごとに、付き合い方を振り返ってもらいたいと思います。

⑪ 周囲の子どもへのはたらきかけ

Q 学級の児童に難聴児のことをどのように伝えたらよいでしょうか

学級の難聴児にどのように接したらよいか、その子のことをどのように受け止めたらよいのか、他の子どもたちに具体的に示してあげることが大切です。「きこえの教室」では、担当が学級に出向いての授業も行っています。学年や時間設定などに応じた内容を相談できますので、校内外問わず利用しましょう。

補聴器をつけても聞き取りにくい

A小学校への学級訪問の際、「せっかくの機会ですから」ということで、5年生のクラスで15分ほどのミニ授業をしました。

補聴器をつけても 子音は　聞き取りにくい

補聴器をつけても、完全に聞こえるようになるわけではありません。どうしても聞きとりにくい音、分かりにくいところが残ってしまいます。

「サ」という音は、S（スという子音）とA（アという母音）でできています。補聴器をつけることで、母音はだいたい聞こえるようになりますが、子音は難しいことが多いようです。だから、「サ」が「ア」に聞こえることがあります。「魚」ですと、

SAKANA→○A○A○A

「ア・ア・ア」と聞こえてしまうこともあるわけです。

聞こえにくい音は ひとりひとり　ちがう

子音にも、聞き取りにくい子音と聞き取りやすい子音があります。

補聴器をつけている人の多くが苦手にしているのは、「S」です。「サ・ス・セ・ソ」の発音が難しいようです。でも、Bさんにはそれほど難しくありません。だから、Bさんは「サ・ス・セ・ソ」の音をきれいに発音することができます。

実際に、Bさんに「サ・ス・セ・ソ」と言ってもらうと、「うん、本当にきれいだね」の声が上がりました。

「S」はOKなんだけれど、Bさんにも苦手な子音があります。それは「K」で、特に「KI：キ」の音です。みんなには「キ」と「チ」は全然違う音に聞こえるでしょう。だけどBさんには似ている音に聞こえるのです。

- だから、Bさんは、『げんキ（元気）です』って言うとき、『げんチです』って言うんだね。
- 補聴器をしているのに、サとかスとかきれいに言えるし、すごいね。

クラスの子どもたちは、Bさんが正しく「キ」と発音できないことに気づいていました。このミニ授業を通して、その理由を知り、受け止めてくれることを願います。

めがね vs 補聴器

Ｃ小学校４年生の学年朝会で「きこえ」について話をしました。タイトルは、「めがね対補聴器」です。

目が悪い＝視力が弱いと、「カ」と書いてあっても、「~~カ~~」、「ｶ」、「ｶ」などのようにしか見えません。けれども、めがねをかければ、「カ」と見えます。

耳が悪い＝聴力が弱い人は、補聴器をつけています（補聴器を見たことがない、という子が10数名いたので、Ｄさん、Ｅさんの補聴器を見せてもらいました）。

補聴器をつけても、「カ」が「ア」と聞こえたり、「~~カ~~」、「ｶ」、「ｶ」などのように聞こえたりします。特に難しいのは、「ス」で、「ウ」や「~~ウ~~」と聞こえることが多いようです。

「ウ」や「~~ウ~~」と聞こえても、「ス」だと分かるためには、たくさんの練習が必要です。だから、Ｄさん、Ｅさんは、みんなが教室で勉強しているときに、先生のところで勉強することがあります。

ＤさんやＥさんの名前が出るたび、子どもたちは、二人の方を見やりながら、静かに話を聞いてくれました。

このような部屋（集会室）は、Ｄさんや Ｅさんには苦手な場所です。それは、反射といって、話し声や音がはね返るので、聞きとりにくいからです。だから、ＤさんやＥさんが分からなくて困っていたら、どんな話なのか何の音なのか教えてあげてください。

また、補聴器をつけると、先生の話が大きく聞こえるので、少し分かりやすくなります。だけど、みんなの話し声やみんながザワザワしている音も大きく聞こえるので、とてもうるさくなります。だから、先生が話をするときには、静かにしてあげてください。

放課後、Ｅさんの担任の先生から次のようなお話をいただきました。

先生の話で、Ｅさんも「きこえの教室」で頑張っているんだということが、子どもたちなりに分かったように思います。わたし自身も、とても勉強になりました。

鼓膜が破けそう！

Ｆ小学校５年生を訪問したときに、子どもたちに補聴器を装用して算数の授業を受けてもらいました。

子どもたちの感想を紹介します。

- 初めて補聴器を耳につけました。そうしたら、とても小さな音でもよく聞こえました。大声でしゃべっていると、とてもうるさくて、耳の鼓膜が破れそうになりました。すごくうるさかった。「Ｇさんはいつもうるさかったのかな」と思った。これからは、もっと静かにしようと思いました。
- 補聴器をつけると、小さな声でも大きく聞こえて、ちょっと大きすぎで、聞きとりにくかったです。
- 初めて補聴器をつけてみたら、少しの声でもとてもうるさかった。だから、補聴器をしている人に大声でしゃべったら、とてもうるさくて、迷惑なんだな、と思いました。

⑫ 危機管理（避難訓練など）

Q 危機管理、安全教育で配慮すべきことは何でしょうか

阪神淡路大震災や東海村原発臨界事故の際、避難放送がなされましたが、多くの聴覚障害者は取り残されました。普段とは異なる集会や校外活動などにおいて、ちょっとした言葉の行き違いや合図が聞こえなかったために、難聴の子どもが置き去りになってしまうということがあります。

事例に学ぶ

集会の際、ちょっとした言葉の行き違いで置き去りになってしまいました。終了の放送も聞こえず１人で校内をさまよっていたみたいです。また、休み時間に皆で遊びに外に出て、チャイムが分からなくて戻れずに置き去りになったこともありました。その後、『私は聞こえないから戻ってこれない。だから、もう外で遊ばない』と、休み時間に外に出ることが少なくなりました。本当につらかったのだと思います。

（ある保護者の手記から）

避難訓練の時、難聴の子どもに何が起きているのか、どうしなければならないかを説明している時間がなく、担当教師が手を引いて避難した。

残念ながら、こうした事例が時々聞かれます。難聴の子どもは、音声情報を速やかに、正確にキャッチすることができません。安全教育は、子ども自身が状況に応じた適切な行動がとれるように育てることにありますが、難聴の子どもの場合には、周りの人々の支援が不可欠です。

「危機」の理解を促す

特に低学年段階では、「危機」について言葉だけで理解させることは難しいでしょう。家庭でも学校でも、ビデオや写真、絵本、ニュース番組などを活用して繰り返し教える必要があります。

困ったときの対応を決めておく

校内、グラウンド、通学路、家庭など場所別に、行動マニュアルを決め、守るよう約束しておくことをお勧めします。

さらに、行動マニュアルがあっても、「その時」には想定外のことが起きると考えておくべきです。「その時」に、難聴の子どもに必要なのは、適切なSOSの出し方を知っていることであり、適切に援助を求めることができることです。

NTTの「電話お願い手帳」は、一度申し込むと、毎年、届けられます。私の教室では、一括送付してもらったものを難聴の子どもに１冊ずつ渡していました。これを利用するのも１つの方法です。

緊急時の対応

（1）視覚情報の活用

クラス全体に避難訓練の意義や具体的な行動についての話をする際、図解や文字による視覚的な情報が加えられますと、難聴の子どもにもよく理解できます。

非常ベルや緊急放送などをキャッチしにくい難聴の子どももいます。さらに、教師がそばにいるとはかぎりません。そこで、 緊急の合図として、「火事」「地震」「避難」などの手話をクラスの子どもたち全員で使えるようにしておくとよいでしょう。日頃からこうした約束を理解しあっていると、いざというときも、あわてずに行動できるでしょう。

（2）避難時の行動と避難先での配慮

緊急事態による避難時には、指導者は難聴の子どもと共に行動することが望ましいでしょう（特に低学年の場合）。その際には、指導者の腕をつかませておく、背中にさわらせておくとよいでしょう。また、できるだけ事態についての説明をし、理解させておくと、難聴の子どもも本人なりに落ち着いて行動できます。

避難先でも、音や声の合図が届かないことがあるので、難聴の子どもが孤立しないように注意してください。単独行動をとらないように子ども同士のチームワークを強化することも重要です。また、リーダーや本部の位置をあらかじめ知らせ、確認させておく必要もあります。

（3）家庭・社会における配慮

家庭においても、学校や社会における安全対策についてよく話し合っておくことも必要です。特に難聴の子どもの保護者にも難聴その他の障害がある場合には、日頃から地域の方の協力体制を確認しておくことも必要です。

（4）夜間の配慮事項

「17　校外学習時の配慮事項」を参照ください。

⑬ 分かりやすい指示や発問 ―一斉授業の場面で―

Q 指示や発問を分かりやすく伝えるにはどうしたらいいでしょうか

先生の話や級友の発言などは、難聴児の耳には入りにくいものです。視覚的なチャンネルを活用することにより、聞きとりの不十分さを補う必要があります。授業中の指示、発問、説明、発言の整理などにあたっては、授業の流れが目に見えるように板書や掲示物を効果的に用いてください。

表情豊かに話すA先生

小学校低学年では、まず担任の先生の話を聞きとることが中心であるといえます。先生の口もとを注視し、読話を併用して先生の指示や発問や説明を了解すれば、授業への参加はほぼ達成されたといえるでしょう。

B小学校のA先生は、1年生のCさんを担任して、「Cさんにもよく伝わるように表情豊かに話したい。Cさんと出会ったことは、わたしが表現力を高めるよい機会ととらえています」という話をされています。

教室を参観させてもらうと、A先生は口形を強調し、表情豊かに子どもたちに語りかけていました。教室全体が静かに集中し、その中でCさんも授業に参加している様子が見て取れました。

最初の発問を板書する

難聴児の授業への参加の様子をグラフに表すと次のようになると思います。

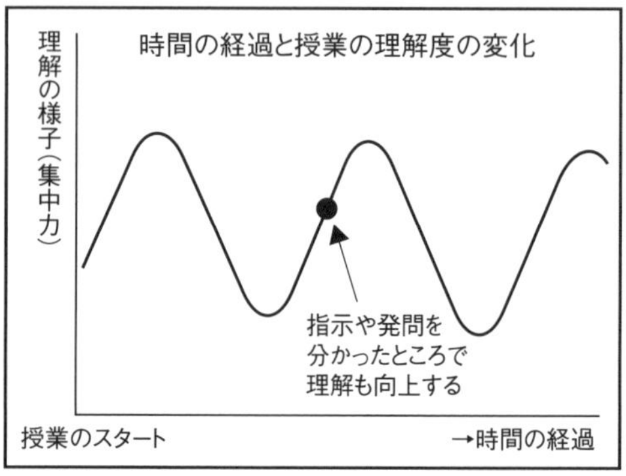

横軸は時間、縦軸は「理解度」とします。グラフのように、初めは立ち上がりが遅いのです。「この時間にやることは、いったい何だろう」と考えているのかもしれません。

授業が進行するに従い、周囲の様子を見たりして、やがてやることが分かってきます。この時、授業の課題やテーマが板書などで示してあれば、理解度がぐんと高まることでしょう。

板書で見える授業の流れ

難聴児は、話す人の口形を見て読話することにより初めて発言の内容を了解します。ですから、級友の発言や突発的に交わされるやりとりは、そのままでは、内容を読みとるどころか、それがあったことすら分かりません。そこで、友達の発言のうち主なものを板書で視覚的にも分かりやすく整理してもらうなどすれば、板書を見ることにより授業全体の流れを理解することができます。

１年生のＤ先生は、算数「たしざんのおはなしつくり」の指導で、次のように板書と復唱を取り入れていました。

Ｔ：初めに黄色い花が３本咲きました。
　（板書し、それを指し示しながら話す）
　赤い花がもう４本咲きました。合わせて何本ですか。
児：７本です。
　（発言した児童名のネーム板を取って児童に見えるように示しながら復唱し、それを貼って、答えを板書する）
Ｔ：「合わせて」という言い方の他にどんな言い方があったかな。
児：みんなで。
Ｔ：（さきほどと同様に発言した児童名のネーム板を取って示しながら復唱し、板書する）
児：ぜんぶで。（以下同様に）
児：ぜんいんで。

４年生のＥ先生は、算数「概数」の指導で、次のように児童の発言を取り上げていました。

Ｔ：市立図書館には約何冊ありますか。
　（ここまで話し終えてから黒板に向かって板書する）では、市立図書館には約何万冊あるか、塗りなさい。
児：（作業する）
Ｔ：市立図書館には約何万冊ありますか。
児：約12万冊です。
Ｔ：約12万冊だね。
　（復唱し、板書する）
Ｔ：東図書館はどうですか？
児：約８万冊です。
Ｔ：東図書館は約８万冊だね。
　（同様に復唱し、板書する）

このように、Ｄ先生、Ｅ先生は、読話しやすいように口形を強調するほか、発問や指示を見やすく板書していました。また、級友の発言のうち重要なものは復唱したり板書したりして、分かりやすく示していました。

このような担任の配慮のもとに、難聴児もよく聞きとり、うなずきながら聴き、授業の後半では進んで挙手もするなどの姿が見られました。この事例では授業への参加の様子は、とても良好でした。

ノートを取る時間の確保

上記の４年生の事例では、ノートを取ったりワークシートに書き込んだりする作業がありますが、そのための時間が十分確保されています。難聴児は聞くことと書くこととを同時にはできません。目で話を読んでいるのですから、目を離せば話は分からなくなります。聞くことと書くことを分けてもらえると、一斉学習にも入りやすくなるでしょう。

〈トピック2〉頭を打つと聴力が落ちる！

元気な子どもたちですからケガをします。頭を打つことだってありますね。そんな時には、外科や整形外科・脳外科などに連れて行って、レントゲンやMRIを取ってもらい様子を見ます。吐き気がしたら要注意、とよく保健の先生に言われます。

ところで、難聴の生徒の場合にはもう一つ心配があります。それが「前庭水管拡張症候群」と呼ばれる下記の症例です。医学書には次のように書かれています。

「CTやMRIが一般的になって特に注目されるようになったもので、前庭水管が異常に拡大しこれに先天性感音難聴をともなうものである。」（『看護のための最新医学講座・耳鼻咽喉科疾患』中山書店）

この症候群の場合に、頭に強い衝撃を受けると、そのことが原因となって、聴力低下をきたすことがあります。頭を打った衝撃で聴力が落ち、入院して点滴治療を受けた例もあります。

MRIやCTなどを使うと、前庭水管拡張症が、比較的容易に確認できるそうですので、心配な場合には大きな病院の耳鼻科で調べてもらっておいた方がいいですね。本人や保護者が分かっていない場合もありますので、難聴の子どもが頭を打ってしまった場合は、脳関係だけではなく聴力検査もしてもらうようにしましょう。

〈トピック3〉電池はいきなりなくなる

電池の放電性能

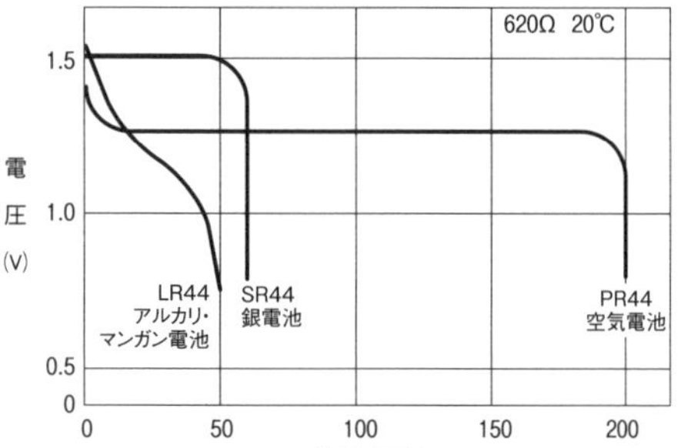

出典:岡本途也監修(2000)『補聴器コンサルタントの手引』リオン株式会社

補聴器には、通常は「空気電池」が使われます。「電池はどれくらい持ちますか？」とよく聞かれますが、これは大変に答えづらい質問です。1日の装用時間、あるいは出力の設定などにより、かなり変化があります。補聴器を買い替えたら、電池の消耗が早くなった、ということもよくあります。

空気電池は、出力（電圧）が一定に保たれ続ける、という優れた特性がある反面、電池が無くなる時には一気に電圧が下がります。使用状況が変わらなければ、電池が消耗する時間はほぼ一定です。「定期的な電池交換」と「スペアの持ち歩き」は補聴器使用に必要な習慣です。

また、乾燥箱に入れると一気に放電が進みます。夜、寝る時に補聴器を外しても、電池は乾燥箱に入れないでください。

〈トピック４〉小学校の英語活動への対応

平成23年から、「外国語活動」という形で小学校でも英語の学習が展開されることになりました。すでに英語の学習が実際に行われている例も多く、ここでは、問題となる事柄と、その対応の考え方の基本を取り上げます。

（1）「耳から入れて（聞く）口から出す（話す）」という根本が非常に難しい

中学校の英語学習が「聞く・話す・読む・書く」の４つの活動で構成されるのに対し、「小学校英語」の中心となるのは「聞く・話す」活動です。難聴の子にとって、このような活動は最も難しいものです。これまで私たちは、中学生を対象に、文字や書きことばを使って英語の学力を伸ばす実践を展開してきました。そのようなノウハウの多くは、小学校英語では活用が難しく状況はなかなか厳しいものがあります。

（2）日ごろのコミュニケーションの在り方を生かして

英語活動の各場面で、どのようにしてコミュニケーションをとるか、この問題の解決は、日ごろのコミュニケーション実践の成果の上にしか築くことができません。日本語での意思疎通もままならないのだとすれば、英語がもっと難しいのは当然のことです。日常のやりとりの中で「こうすればやれる」ということを、指導者が理解していれば、それをもとにした情報提示を心がけましょう。うまく行く場面が増えることが期待できます。その具体的な方途としては、以下のようなことを検討ください。

①読話を使い1対1の意思疎通が可能ならば、ALTはできるだけ近くに。

②母音やプロソディ（韻律情報;音節数など）がわかるならば、それを手がかりにして、指示の中身をつかませる。（例えば、go と wait は、聞き分けられるかも）

③視覚情報（文字やイラストなど）を活用して指示や課題を提示してもらう。

④事前に活動内容を理解させ、リハーサルをしておく。

（3）ALTの理解に基づく協働体制の構築

小学校の英語活動でも、ALTとのT-Tが行われます。ALTに以下のような情報を事前に提供し、より良い協働体制を作っておきましょう。

①クラスに難聴の児童がいるので、特別なニーズがあること

②その子とのコミュニケーションで配慮して欲しい事柄

③問題に気づいた時の対応方法 など

ALTの多くは、難聴の子どもに配慮をするのは当たり前、とよく理解して協力してくれます。福祉先進国出身のALTなら、なおさらです。

なお、子どもの状況を説明するための手紙の実例を、巻末の資料に載せておきます。要所を選択・差し替えながら作成し、ALTに情報を伝えるのに役立ててください。

14 グループ学習での支援

Q グループ学習の話し合いなどはどんなことに注意したらいいでしょうか

グループ学習などでは、子どもたちの自発的で活発な活動の姿が期待されています。しかし、難聴の子どもたちがグループ学習に参加するにはいくつかの課題があり、一斉授業とは違った難しさがあります。そこを少しでもクリアさせ、学習に参加できたという充実感をもたせたいものです。

活発な話し合いですが……

小学校に入学して、低学年の段階では一斉授業が大半を占めると思います。そこでは、先生のお話をみんなで聞き、誰かが答え、またみんなで考えたり話し合ったりするというふうにして１時間の学習が進んでいくことが多いでしょう。このような一斉授業では、担任の先生が発問や説明をしたり、発言を整理したりしますので、授業の展開がコントロールされ、板書などで分かりやすく示されている場合が多いと思います。

学年が上がるにつれて、グループで話し合って考えを練り上げたり、発表し合ったりというグループ学習の場面が取り入れられてきます。グループ内で活発に飛び交う意見やつぶやき、それは授業参観や授業研究会の見せ場であったりするのですが、そこに入りきれない難聴児の参加の難しさがあります。

「静かな別室で話し合いたい」

ある難聴の６年生が、きこえの教室の修了式で次のような作文を発表しました。

「（前略）今、６年担任の先生は私のことをよくわかってくれる先生です。班で話し合うとき、みんなの話し合う声で班の人の声が聞こえなくて、つい泣いたとき、先生が『どうしたの』と、やさしく声をかけてくれて、とてもうれしかったです。その日以来話し合うときは、私の班は児童会室でやります。静かなので聞こえて安心します。（後略）」

ひとつの教室内で多くのグループが話し合います。その騒音の中では、確かに自分のグループの話し合いも聞きとりにくいでしょう。このようなとき、ぜひ、静かな一室を用意してほしいものです。

「３人の話し合いが苦手です」

「面と向かった１対１なら、順番に対話をしているわけですから、その話し合いには参加できます。でも、それが３人以上になると、うちの子は話し合いに入るのが難しいのですよ」

こんなことを親御さんからよく聞きます。どうしてでしょうか。難聴の子どもは話し手の口もとを見て、読話をしているのです。次は誰が話すのかが分かり、その人の方を向いて、読話の構えをして耳を澄ませます。その準備がなければ、聞きとることはできません。突然に話し始めた人の口もとを見ようとしているうちに、その話は終わってしまうかもしれません。いきなり話し始めた人の話は、読話しようにも口もとを見ることもできないのです。このように、みんなで話し合う場面では、参加がとても難しいのです。その結果、間接的に参加するか、よくても、話し合いの結果が知らされるだけということになりかねません。もっと、話し合いの中に入り、参加の充実感をもたせるにはどうすればよいでしょうか。

話し合いに参加させたい

「決定事項は、いつも、後から知らされる」という結果にならないように、ある先生は中学1年生の活動で、以下のような工夫をしてみました。

①発表することをグループの一人一人が紙に書いた。
②順番にそれを発表し、まとめ役として、難聴のA子さんに要約して清書してもらった。
③最後にA子さんが代表で発表した。

このような配慮によって、イラストの得意なA子さんは喜んで話しあいに参加でき、さらに作文の力も伸びました。

また、ある先生は4年生の活動で次のような工夫をし、有効な手立てとなりました。

①ビデオや写真やグラフなど視覚に訴える教材教具を活用した。これにより、体験的活動をもとに資料にあたって調べたりする活動を活発に行ない、発表内容も分かりやすく伝えることができた。

②話し合いの場面では、グループごとに意見カードを用い、そのカードを自由に動かせるようにした。これにより、それぞれの意見や話し合いの経過を視覚的に分かりやすく示すことができた。

分からないとき、聞き返す

子ども自身が、分からないときに自分から進んで先生や友達に聞き返す構えをもつことも大切です。そのためには、それをフォローする友人がクラスにいることが必要です。何でも聞ける友人がいる、そんなクラス全体の支援が、学習への参加を支えます。

難聴の子どもが直接に授業のすべてを聞き取ることは難しくとも、その子らしい参加のしかたを保障できる、そんなクラスはとてもすばらしいと思います。

⑮ 音楽の指導

Q 音楽の楽しさを感じとってほしいと思っているのですが……

多くの難聴の子どもは、音楽が好きです。好きな歌手の曲を楽しむ子もいますし、ピアノや太鼓の演奏を楽しむ子も、日本舞踊やバレエで素晴らしいダンスを見せてくれる子もいます。また、カラオケで自慢の声を聞かせる子もいます。もちろん、難聴であるゆえに難しいことも少なくありません。子どもによっては、個別の目標を検討する必要もあります。

音楽の３要素と難聴児

音楽の３要素（リズム・メロディ・和音）の中では、リズムが他の要素に比べて比較的容易にとらえたり表現したりできると考えられます。メロディはなかなか難しく、正しい音程で歌うことは不得意な課題です。和音については難しいと思われますが、協和音の心地よさや美しさをとらえている様子を見ることもできます。

以下に、難聴の子どもの一般的な配慮事項を示します。しかし、困難さや好みは、聴力レベルや聴力型、聴覚活用の様子、音楽的経験などによって、一人一人異なります。その子の様子に合わせて工夫してみてください。

歌唱指導

指導用ＣＤからの聴き取りはとても困難なことが多いです。歌声、メロディ、和音などを聴き分けることが難しいからです。最も聴きとりやすい先生の肉声でメロディをとらえさせることから始め、段階を追って指導するのがよいでしょう。

① 先生の肉声で聴かせる……メロディ

② 先生の肉声＋拍子を刻んだ電子オルガンやピアノ伴奏を聴かせる
……メロディ＋リズム

③ ①と②を録音したテープで家庭学習させる。

音程やリズムの正確さを求めるよりも、フレーズや流れの感じをおおまかにとらえ、のびのび歌うことを大切にしたいものです。歌唱のテストでは、二人組みで歌わせると、落ち着いて、十分にその子なりの表現ができるようです。

また、語彙不足から歌詞の意味が分からず、楽曲のよさに気づかず、歌う意欲を見出せないこともあります。歌詞についても、丁寧に指導する必要があります。

楽器の演奏

難聴の子どもには、楽器による得手不得手があります。

トライアングルやカスタネットなどの高音の楽器は音が聞きとりにくいので、難聴の子ども向きとはいえません。リコーダーも、指先のちょっとした加減で音が変わり、正しい音が出ているかどうか確かめにくいので、難聴の子どもには向いていません。

エレクトーンや鍵盤ハーモニカ、マリンバ、ハンドベルなどは、目で正しく演奏できたかどうか分かるので、難聴児向きと言えるかもしれません。

難聴の子どもにとって合奏は困難な課題です。自分の演奏している音と友達の演奏している音とを聴き分けることも難しいので、複数の楽器の音を聴いて、合わせることは困難な課題といえます。

①肩をたたくなどしてリズムをとらえさせながら、演奏させる。

②「出だし」の合図を送って演奏させる。

複数の音が聞こえると、自分の演奏している音が分からなくなりがちです。教室の後ろなどできるだけ静かな場所で、練習したり合奏に加わったりできるように配慮ください。

耳障りな音の訴え

子どもによっては、特定の音色（例えば、ピアノの高い音やトライアングルなど）がひどく耳障りになる子どももいます。

「うるさい」「いやな音だ」と感じたらすぐに先生に伝えるように話しておくと、難聴の子どもはとても安心できます。また、次のような対応を試みてください。

①音源から離れた場所に移動させる。

②補聴器のボリュームを下げる。

③補聴器のスイッチを切る。

また、冬季など窓を閉め切って合奏練習をすると、音が響きすぎて、頭痛を訴えることもあります。このような時には、すぐに別室で休ませてください。

身体表現と音楽鑑賞

難聴の子どもにとって、リズムをとらえたり表現したりすることは、比較的容易な課題です。楽しい身体表現を通して、リズム感を高めたり、音楽を楽しんだりできるとよいでしょう。難聴の子どもは、マーチやダンス曲などのようなリズムのはっきりとした曲や聴いた感じを絵に描きやすい標題音楽を好むようです。

指導事例（歌い出し）

Aさんの通う小学校では、毎月の歌を手話で歌っています。ある日、Aさんの知っている歌なのに「歌えない」と言い出しました。理由を聞いてみると、歌い出しが分からないというのです。

そこで、どうすれば歌えるか話し合い、担任の先生に伝えました。

イントロが聞こえてきたら、合図をしてもらう。さらに、フレーズごとに「さん・はい」の合図を出してもらう。

次の指導日、Aさんは、「ばっちり歌えたよ」と笑顔で話してくれました。そして、連絡帳には、担任の先生から次のようなメッセージが書かれていました。

Aさんへの合図を見て、他の子どもたちも「歌いやすい」と言ってくれました。そこで、みんなに合図を出してみたら、歌い出しがきれいにそろいました。

ある子は、「歌い出しなんて、前の列の子の肩を見ていれば簡単に分かるよ」とマル秘テクニックを教えてくれました。「ブレスを合図にする」のも一手です。

⑯ 体育の指導

Q 体育の指導で、難聴の子どもに対して配慮することがありますか

難聴の子どもは遊び経験が不足しがちなため、中には運動が苦手という子どももいますが、能力的に劣るということはありません。平衡機能の障害のある場合には注意が必要ですが、コミュニケーションに配慮し、いろいろな運動を楽しませてください。

水遊び、水泳学習

ごく一部のものを除き、補聴器には防水能力がないので、水泳のときには外さなければなりません。補聴器を装用しているときの聞きとりがどんなによくても、補聴器を外しているときには聞き取とりは期待できません。

また、耳の中がぬれたまま補聴器を装用すると、耳の穴（外耳道）が炎症をおこしてしまいます。水泳後は、耳の中をよく乾かす必要があります。

前庭水管拡張症をもつ難聴児は、飛び込みと潜水は厳禁です。聴力低下の誘因となりますので、飛び込みや潜水は、絶対にさせないでください。

次のことを子どもと確認してください

- **水泳の前に補聴器を外す。**
- **補聴器を○○に入れて□□におく。**
  （例）タッパーに入れて保健室に預ける。
- **水泳後は、耳や耳の中、髪の毛など、よく拭いて乾かしてから補聴器をつける。**

A小学校では養護教諭にも協力してもらい、次のような対応をしています。

- **タッパーに入れた補聴器を、保健室で預かる。**
- **水泳後、保健室でドライヤーを使って耳や耳の中、髪の毛などを乾かさせる。**
- **その後、養護の先生が綿棒で耳の中の水分をとってから補聴器をつけさせる。**

養護の先生が不在の時には、水泳後の最初の授業では補聴器をしないようにしています。

補聴器を外しているときには、聞きとりは期待できません。そのため、以下のような配慮が必要です。

- **前もって教室で話せることは、話しておく。**
- **モデルを示し、指示や学習内容を理解させる。**
- **手のサインや身振りで合図を出す。**

平衡機能への配慮

難聴の子どもは、平衡機能の障害をあわせもつことがあります。この場合には、転んだり他の子どもや物にぶつかったりする、真っ直ぐに走れない、目を閉じると極端にバランスを崩すなどの様子がみられます。鉄棒や平均台などの器械運動や目を閉じての動きなどには注意が必要です。

しかし、どの運動も練習で上達しますので、安全に気をつけながら、その子なりのペースで経験させてください。

コミュニケーションへの配慮

体育館やグラウンドでは、きこえが教室とは全く変わってしまいます。体育の授業をカセットテープやビデオテープに記録して視聴してみると、雑多な反響音や風の音、無関係な音の多さに驚かされます。

「きこえの教室」では、こうしたデモテープを用意しています。難聴の子どもの困っている状態を疑似体験してみてください。

- **体育館やグラウンドの雑音は、教室以上のボリュームがあるので、聞きとりが格段に悪くなります。できるだけ難聴児の近くで、正対して、話すようにしてください。**
- **ホイッスルだけでなく、視覚的にも分かりやすいタンバリンや太鼓、手を打つなども使ってください。**
- **説明や指示の際に、視覚情報も活用してください。ホワイトボードや絵を使って話してもらうと、確実に理解できます。**
- **負担にならない範囲で、他の子どもに「通訳」してもらうことも有効です。**

バランス運動（プレールームにて）

補聴器を外す場面

補聴器の故障や子どものケガが多いのは、ボール運動や鉄棒・マットなどの器械運動の時です。本人の活動の状況にもよりますが、本人・保護者と「どんな時に補聴器を外すか」について確認しておくとよいと思います。中には、「普段は耳掛け式の補聴器をつけ、体育のときには耳穴式をつける」と、補聴器を使い分けている子どももいます。また、補聴器を外すことで十分にその運動ができるのであれば、思い切って補聴器を外すこともひとつの方法でしょう。

運動会

Ｂ小学校では、スタートの合図は旗で、放送の内容は上級生や同級生が伝えるように計画されていました。

難聴の子どもの肩をトントンとたたいて呼んで、「今度は３年生の○○レースだよ」と身振りとともに教える姿が見られました。

17 校外学習時の配慮事項

Q 校外学習の時には、どのようなことに配慮したらよいでしょうか

自然教室・遠足・修学旅行・総合的な学習の時間など、校外学習の機会は決して少なくはありません。一般的な配慮事項を示しますが、事前に保護者および本人と日程や緊急時、困った時の対応について打ち合わせておくとよいでしょう。

指示を徹底する

屋外や体育館のような場所では、指示を聞きとることは困難です。

- **屋外では風や周囲の音が雑音となり、工事現場で会話をするような感じになる。**
- **体育館では音が反射するので、周囲の雑音が倍加されるうえに、話そのものが聞きとりにくくなる。**

十分活動ができるためにも、危険を回避するためにも、指示を確実に伝えてください。

- **指示内容のメモを渡す。**
- **周囲の友達から難聴児に伝えさせる。**

危険場所や禁止事項、集合時間などの重要事項については、指示内容を復唱させて確認するとよいでしょう。

夜間、暗所は特に要注意

難聴児は、情報入手の多くを視覚に依存しています。明かりを確保し、視覚情報が途絶えることのないようにしてください。明かりを確保することは、安心感を与えることにもつながります。

夜間は、難聴児にとって、目からも耳からも情報が入りにくいので、指導者側で、難聴児の居場所を確実に把握しておく必要があります。本人からの緊急連絡用としてホイッスルなどを持たせ、緊急の際には難聴児自身が吹くように約束してもよいでしょう。

睡眠中は補聴器をはずしてしまうので、大声で呼ばれても聞こえないうえに、暗闇であれば見ることもできず、とても不安な状態になります。そんな時、ライトを本人に向けることが多いのですが、あまり効果的とはいえません。難聴児に安心感を与えて、説明や指示を分かりやすくするためには、ライトは救助者の顔や姿を見せるために使うのが効果的です。

健康面での配慮

難聴児を過労状態にすることは厳禁です。聴力低下を引き起こすことがあります。平静

よりもきこえの状態が悪いと思われる場合は、十分休養をとらせてください。また、聴力が低下している時には、危険回避が難しくなるので、安全確保に万全を期してください。

解熱剤や風邪薬などの服用には注意が必要です。耳鼻科処方の薬剤を用いることを原則としてください。薬によっては、聴力を低下させる可能性があります。受診する際には、「本児は感音難聴である」ことを医師に伝えた上で処置をしてもらってください。

気圧差への対応

気圧差が問題になるのは、登山やトンネルを通過する時、飛行機の離着陸時などです。

一般的には、あくびをする、つばを飲み込む、飴をなめるなどでスムーズに対応できます。しかし、難聴児の場合には、耳が痛くなったり耳鳴りがすることが多く、しかも長く続くことが多いようです。場合によっては、聴力低下がみられることもあります。

あらかじめ飴をなめさせておくなどして、気圧差によるトラブルを回避してください。トラブルが生じたら、飲み物を飲ませたりあくびをさせたりするなどして、時間をかけて回復を図ってください。

補聴器を水から守る

特別なものを除いて、補聴器には防水能力はありません。雨や汗は、補聴器の天敵です。雨中での活動では、濡らさないよう雨具を着用させてください。万が一濡れてしまったら、すぐに水分を拭き取って乾燥させてください（乾燥剤入りケースを携帯する習慣が大切です）。

夏場や汗をたくさんかくような活動の時には、こまめに汗を拭き取らせてください。

きこえの教室での事前指導

校外学習前に、心得として、本人に次のような話をしておきます。

- **ひどく疲れると聴力が低下することもあるが、一時的なものであり、あまり心配しなくてもいい。**
- **聞こえが悪くなったら、すぐに担当の先生に伝える。**
- **雨や汗で、補聴器を濡らさないようにする。濡らしてしまったら、すぐに水気を拭き取って、乾燥剤入りケースに入れておく。**
- **おおいに楽しんできてほしいが、「きこえ」のためにも睡眠不足にならないように気を付ける。**

事前に、校外学習の際に最低限必要な言葉や予備知識、話題になると思われる言葉について「予習」をします。

日程表やパンフレットなどがあると、効果的に学習を進めることができますので、きこえの教室にも１部お届けください。早く届けてもらえると十分な指導ができますので、下書き段階のモノでも大歓迎です。

18 行事や集会の場面での情報保障

Q 学校行事や全校集会ではどうしたらよいでしょうか

広い体育館での全校朝会。学年が上がるにつれ演壇から遠い位置になります。マイクを使っても、体育館の構造上残響がありすぎる場合は、クリアに聞きとることも難しく読話もほとんどできません。こんな時は、その子なりの情報入手のルートを工夫してみましょう。

全校朝会に参加する

A小学校で、全校朝会の様子を参観させてもらいました。きこえの教室に通うBさんは6年生で、全校500人のほとんど最後列です。この体育館では補助スピーカが6年生の脇のあたりにあり、これを通して音は響いてきそうでした。

校長先生が壇上で、あいさつし、読書の秋にちなんだ話をしました。続いて、養護教諭の先生から、「食事と栄養」の保健指導の話です。最後に全校合唱で今月の歌を歌い、Bさんも一緒にしっかりと歌っていました。

さて、Bさんはどのくらい聞きとれたでしょうか。

担任のC先生は、朝会の後、教室に入ってからさきほどの朝会の話を話題にされていました。黒板に簡潔にキーワードを書きながらまとめ、Bさんも話の内容がよく分かったようでした。このように話し合うことにより、クラスの子どもたち全体のためになりますとC先生は話していました。

この例では、校長先生の話や保健指導のキーワードが壇上の大判の用紙に表示されていました。養護の先生は大きな人形も使って話をされていました。このような、目に見えるもので話題やキーワードを示すと難聴の子どもにもよく伝わると思います。

聴力の程度にもよりますが、話の現場で「リアルタイムですべてを直接にクリアに聞き取らせる」ことには、限界があります。それは困難であるにしても、この例のようにいくつかの手立てはあるわけです。

- **話のテーマは紙に書いてあるので、それを見ればだいたい見当がつく。**
- **集会の後、教室で話し合うから、よく分かる。**
- **後で、先生や友達に尋ねれば、話の内容を教えてもらえる。**

このような支援により、その子なりに納得のいく情報獲得のルートがあればよいのではないでしょうか。

行事の中でやり遂げる体験を

D小学校に入学したEさん。校長先生は、Eさんを全校の子どもたちに紹介したいと考えていました。担任のF先生も、「ぜひ、全校の前でEさんにお話をさせたい」と考えていました。また、Eさんのお母さんは、こんなふうに思っていました。

同じ学年・学級の子どもたちはEのことを知っているから心配はない。けれども、他の学年の子どもたちが、聞こえにくいことから誤解したりしないだろうか。

そして、1学期末の全校朝会でEさんは級友と一緒に作文の発表をすることになりました。当日Eさんが堂々と話すのを聴いて、子どもたちは、「耳は聞こえにくいけれど、しっかり話せるね」と感心していました。みんなの前で話す体験と、それを温かく受け止める全校の子どもたちの姿が目に見えるようです。

Eさん自身は、家に帰ってからとても喜んで「しっかりお話できたよ」とお母さんに報告したそうです。

できることを生かして活躍させようと考えていた担任の先生の配慮で、Eさんは行事の中でひとつのことをやり遂げる体験をすることができました。

D小学校では、校長先生、教頭先生を先頭に、全校朝会では「文字などで、話が分かりやすく伝わるように工夫する」ことに心を砕いているということをお聞きしました。学校をあげてこのように配慮していただいたことは、大変ありがたいことだと思います。

情報保障の手立ての例

同時あるいは事前に行うもの	・要約筆記をかたわらで行い、話のテーマやキーワードを知らせ、おおよその内容を要約して伝える。 ・話の原稿を事前に作成してもらい、これをあらかじめ読んで参加する。 ・OHPで話の原稿を映し、話している部分を指示してもらう。
事後に指導するもの	・話の内容について、クラスで話し合う。その際に、話し合いの中で内容を伝え確認する。 ・話の内容について、概略を学級の日直の児童が書く。 ・話のテーマやキーワードを紙などに書いて掲示する。 ・どんな話だったか、担任や友達に尋ねると教えてもらえるようにしておく。
音楽発表会への参加では	・その子なりに参加できる楽器で合奏に加わる。楽曲の出だしの合図を目に見える形で行う。 ・拍の流れや途中からの入りの合図を補助的に指揮で示す。

19 教室環境ときこえ

Q 教室の環境について配慮することは何でしょうか

補聴器はきこえを高めてくれますが、目的の音（例えば、教師の声や発言の声など）だけでなく、雑音も大きくしてしまいます。雑音があるとせっかくの補聴器の機能が生かせませんので、雑音を軽減させる必要があります。先生や友達が話をする時には静かに聞く習慣を学級全体に育てるとともに、次のような工夫も効果があります。

テニスボールで騒音軽減

机やイスからの雑音は、補聴器を通すと、耳が痛いほどに響きます。

A小学校では、難聴の子どもの在籍する学級の机とイスの脚に中古のテニスボール（硬式）をキャップとして取り付け、雑音を軽減させています。「グループ活動で机を寄せるとき」には、通常90dBもある雑音が68dBに下がりました。これは、騒々しい工場内に匹敵する騒音が、スーパーの店内程度になったことになります。「全員起立」も、通常90dBが73dBに軽減されています。

取り付けは簡単で、子どもたちにもできます。裁ちばさみやナイフで十文字に切り込みを入れて、ボールを差し込むと、切り込みが内側に食い込んで安定します。2、3年はもちそうです。

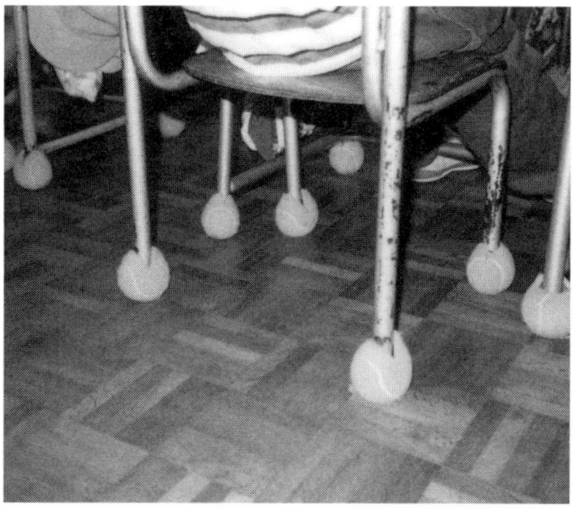

B中学校でも、難聴の生徒の学級で、中古テニスボールの利用を始めました。取組の様子を紹介します。

ボールをつけて初めてのあいさつ。○○さんの元気のいい「起立！」のあと、みんながイスを動かすと……

「あれ？　音がしない！」

まるで誰も起立していないかと思うほど、音がしなくてびっくり‼　ボールをつけてしばらくは慣れなくて、違和感があったようです。でも、だんだん慣れてきて、気に入っている人も多くなってきたようです。授業に出ていらっしゃる先生方も「静かになったね」と驚かれています。放課後残ってボールを切ってくれた人、ありがとう。これで、授業に今まで以上に集中できるようになるかしら？

（学級通信より）

〈難聴生徒の声〉

・静かでいいですね。

・前はうるさくて頭が痛かったけど、今はいい。

〈きこえる生徒の感想〉

- **ガラガラというううるさい音が何もしないで、うるさくなくなった。**
- **引いたりしたときに全く音が出ないので、びっくりした。**
- **テニスボールをつけたとき動きづらくて嫌だったけど、慣れてきたら付けていることを忘れていた。**

全校体制へ拡大

難聴の子どものための音環境の保障（騒音解消対策）として、イスや机の脚に中古テニスボールを装着するという試みは、熊本県のある小学校から始まりましたが、難聴の子どもだけでなくすべての子どもにメリットがあります。

C小学校では、難聴の子どもの在籍する学級だけではなく、学年全部の机とイスにテニスボールをつけています。

「さらに音楽室にもつけたいですね」と担任の先生にお勧めしたところ、「学校中すべての教室につけたいと思っています」とのお話をいただきました。

「ボールをつけるよりも、静かにする心を育てることが大切なのではないか」という考えもあります。ですが、子どもたちもギーギー音を出そうと思って出しているわけではありません。注意すれば出さずにすむこともありますが、だからといって、いつも注意を払ってはいられません。難聴の子どもへの思いやりがあっても、出してしまうときには出してしまうものなのだと思います。

子どもたちの心を育てることも大切です。同時に、学習環境を整えていくことも必要なのではないでしょうか。中古のテニスボールを利用することで、静かな環境になるのです。ぜひ、取り組んでみてください。

中古テニスボールの入手方法

中古テニスボールを無料で学校へ送付してくれるNGOもあります。ただし、依頼が多いので、数ヵ月待ちになることもあります。

また、近隣のテニス・スクールにお願いする方法もあります。

ただし、電話や手紙で依頼し、取りに伺うことになります。もちろん、事後、子どもたちの感想を添えた礼状など差し上げることをお忘れなく。

さらに、地域の広報紙や放送局、新聞社などを通して、中古テニスボールの寄贈を広く呼びかける方法もあります。

柏崎市立柏崎小学校難聴通級指導教室（新潟県）では、市の広報紙や地域のFM局などを通して市民に呼びかけたところ、手話サークルの支援もあり、1ヵ月で約500個の中古テニスボールが寄せられました。さらに、24時間テレビで取組が紹介され、県内各地から数万個の提供がありました（市内の小中学校で利用しました）。

中古テニスボールには、微量ながら揮発性の科学物質が含まれているとの指摘があります。私たちがかかわった学校では、特に問題は指摘されていませんが、利用の際には、「切込みを入れたあとに乾燥の時間をとること」や「使用当初は換気を心がけること」などの注意をお願いします。

〈トピック５〉難聴の子どもと電話

電話については、補聴器をつければ電話ができると思っている人と、補聴器をつけても無理だと思っている人に分かれるようです。電話については、個人差が大きく一概にはいえないようです。聴力が厳しくても気軽に電話を使う難聴の子どももいれば、それほど聴力が厳しくなくてもほとんど使っていない子どももいます。本人の性格にもよるようですが、経験や指導が大きいものと思われます。また、話し相手にもよります。発音が明瞭であることは好条件の１つです。ですが、発音よりも話し方の方が大切です。

- 箇条書きのように、短く要点を話す。
- 連想ゲームの感覚で話の内容や概要、キーワードをあらかじめ伝える。
- 聞き取りやすい言葉を使う（例：７をシチと言っても通じなければ、ナナと言ってみる）。
- 会話の際の返答について確認をしておく（「ハイ・イイエは分かる」「お互いに復唱しあう」など）。

特に聴力が厳しい場合には、難聴の子どもが用件を話し、相手が「はい」「いいえ」で答えることでも用が足せます。

子：お母さん？
父：いや、ちがうよ
子：お母さんに代わって
父：はい
母：はい、かわったよ
子：お母さん？
母：はい
子：雨が降ってきたから、迎えに来て。
　　校門の所で待ってるから
母：はい

通常の会話は難しくても、目的に合わせて使いこなせばいいのです。

さらに、携帯電話のメール機能が活用できれば、より確実にやりとりすることが期待できます。

第３章　中学生の支援

20 思春期の入り口に立って

Q 難聴の子どもは、中学生になってどんな問題に直面するのでしょうか

中学生時代は心身が大きく成長・変貌を遂げる時期です。「アイデンティティの危機」などと言われることもありますが、難聴の子どもは中学生になると、自分の障害の問題といやでも向きあっていかなければならなくなります。悩める難聴中学生の問題を、いっしょに考えてみましょう。

発見—「自分は周囲の友人と違う」

意外なことかもしれませんが、小学校の高学年になるまで難聴の子どもは自分の障害について無頓着なことがあるのです。つまり「自分の聞こえないことは、周囲の友人も聞いていない」と思っている節があります。

ところが、高学年になる頃には「どうも自分の聞こえていないことが、周囲の友人たちは分かるらしい」「聞こえていないのは自分だけ」という事実に気づき始めます。これが「障害の自覚」の始まりです。研究の成果から以下に紹介していきます。

コミュニケーションが問題

堀川・長澤（1996）が126名の難聴生徒に行ったアンケートによる調査では、以下のように指摘されています。

①難聴の子どものストレス構造は、一見すると健聴生徒と共通部分が多いように見える。

②下位項目に立ち入ってさらに分析するとコミュニケーションの障害から問題が生起しているのが分かる。

③問題を意識するきっかけは友人関係のトラブルや授業での聞き取りが多い。

白井（1996）は８名の聴覚障害成人に面接調査を行ってこれらの問題の具体像について、以下のように報告しています。

〈難聴児が出会う学校生活上の問題点〉

①友達の話が聞き取れない。だから会話に参加できない。

②先生の説明や指示が分からないので、授業が分からず参加できない。

③自分の発音を笑われるので、話す意欲が減退する。

④情報（常識）が不足しがちで、学校生活上の問題に正しく対処できない。

⑤言語力が不十分な場合、自分の行動の意味を自分で把えられない。

⑥小学校以来の学力不振が累積され、学習についていけない。

これらの問題はすべて、難聴生徒が生活している通常学級での日常生活の中で生起します。とはいえ、早期教育をきちんと受けた生徒の中にはこれらの課題をあまり強く意識しないケースも報告されています。また、聴力状況が比較的よい生徒であっても、小学校までに適切なサポートが受けられなかった場合、問題が深刻化する例も報告されています。

自信を失っていって……

問題を抱える生徒に共通する傾向があります。それは「自分に自信を失っていくこと」です。「self－esteem（自尊感情）が低い」という言い方もできます。難聴生徒もきこえる生徒と同様に、勉強や部活や友人や異性のことについての問題に直面し、それをうまく乗りこえられない時には自信を失います。

しかし、「どうしてうまくいかないのか」を、その生徒の実態に即して細かく分析していくと、必ず「難聴からくるコミュニケーションの困難さ」が、問題の核心にとげのように突き刺さっています。コミュニケーションの問題から生ずるさまざまな問題にうまく対処できなくなり、孤立したり自信を失って落ち込んでいく、これが問題の起こるプロセスです。

1対1のコミュニケーションから

問題はコミュニケーションをきっかけに起こる以上、解決はコミュニケーションの改善を通してしかありえないのは当然です。通級教室では、まず、その生徒の1対1の場面（face to face）でのコミュニケーションに注目します。軽度･中等度の難聴の生徒であれば、静かな中で話し合う時にはほとんど問題が生じません。聴力の厳しい生徒には「近くで、顔を見せて、聞き返すことができる状況で」話せば、かなり分かり合えます。大切なのはコミュニケーションの回路を確立することです。この回路は情報をやりとりする中で確かなものになっていきます。教師も生徒も一番大変なのは最初です。時間をかけてかかわりあう中で、「こころの小径」はつながっていきます。

学級の雰囲気が大きく影響

ここまでは個人の努力で改善できることを中心に示してきましたが、これらと同じくらい重要なのが「学級」や「学校」の雰囲気です。「いじめ」や「不適応」の出やすい風土のある学級では、難聴の子どもはなかなかうまくやれないことが多いのです。聞こえる子にとって住みやすい学級は、難聴の生徒にとっても居心地の良いクラスであるのは間違いありません。

ある成人の聴覚障害者（中等度難聴）の小学校時代を振り返っての話

自分は小学校５年のクラス替えの時から、孤立するようになっていじめられた。勉強も分からなくなった。この年齢の女子は、小さなグループを作ってつきあうが、自分はそうやっていくのがいやだった事も原因の１つだったかもしれない。でも、うまくいかなかったことの理由の１つは担任の先生が替わったことにあると思う。５・６年の担任の先生は厳しい人で、ビンタなんかはしょっちゅうだった。それで、みんな先生の前ではいい子にしているけれど、先生がいなくなるとクラス中が大変になる。この話は後で聞いたのだけれど、ある先生がそのことに気づいて、担任の先生に話したそうだが「うちのクラスに限って、そんなことはない」と言って取りあってくれなかった。

21 コミュニケーションと自己意識の改善

Q　コミュニケーションから生ずる問題を改善するポイントはどんなことですか

コミュニケーションの問題は、小学校の高学年頃から芽生え始めます。聴力の状況やコミュニケーション手段など複雑な問題が絡みあいますが、最終的には1対1の場面でのコミュニケーションをどうやって取っていくかがポイントになります。前の項目と併せてお読みください。

情報量の飛躍的な拡大

小学校高学年頃から、コミュニケーションに関して次のような問題が生じます。

①生徒同士の会話の内容が多彩になり、情報量が増え早口になりやすい

②テレビや趣味関係の「常識」を共有しないと仲間に入れない

③授業では抽象度の高い事柄を扱うようになり、学習が難しくなる

このような状況下で、新たに生ずるコミュニケーションの問題にうまく対処できないと、これまでとは違った「孤立感」や「不適応」の問題が出現してきます。聞こえる生徒にとっても難しい時期を迎えるわけですが、難聴の子どもにはコミュニケーションの問題として現れてきます。

問題状況の決定要因

問題の深刻さには、非常に大きな個人差があります。コミュニケーションにかかわって問題状況に影響を与えるのと同時に、解決の糸口にもなっていくと思われる要素をあげていきます。

まず、1対1での話し言葉の力です。聴力が比較的よい生徒の場合には、補聴器が働く状況でありさえすれば、コミュニケーションに困ることが少ないので、影響をあまり受けないこともあります。

次に、「書き言葉の力」です。読書経験が豊富で書き言葉の力が高い子は、学力が高く、自分の好きな世界をもっていることが多いですね。その力で学習面の課題を超えていくことが比較的容易ですし、個人ノートや交換日記といった手法が活用できます。

3番目に「遊び」の経験です。男子ではスポーツ経験も同列に考えてよいでしょう。体を動かして遊ぶ場面では、細かい聞き取りや言葉のやりとりが不要なことも多く、そこで培った力で仲間とのコミュニケーションを取っていくことが可能になります。

コミュニケーションの状況は、本当に生徒

一人ひとりさまざまです。校内での様子が一番よく分かるのは、日頃接している担任の先生方です。参考になりそうなことを、表にしました。このような観点から、難聴生徒と1対1の場面でのコミュニケーションのポイントを探してみてください。また、個人ノート（書き言葉）、教育相談、なども難聴の生徒がコミュニケーションを取りやすい手法です。コミュニケーションの取り方が見つかると、周囲の生徒も真似をしてくれて、状況が改善されていきます。

「障害」ではなく「可能性」の自覚

最後に問題になるのが、難聴生徒本人の自己イメージです。難聴であろうとなかろうと、人間は必ず何らかの限界をもっています。ある生徒にはそれが家庭の事情であり、ある生徒には身体的な能力であったりするのです。難聴生徒の場合には、聴覚の障害（身体面の障害：impairment）が原因で、他の生徒には何でもないことでもうまくできない場合（能力面の障害：disability）が多いのです。自分の障害（impairment）の状況を正しく認識し、自分のうまくできないことを理解しておくことは、重要なことです。でもそれは裏を返せば、できないことではなく「できること（可能性：ability）」の自覚に他なりません。「難聴だからうまくできない」と考えているうちは、周囲からサポートを受けることができません。「自分は難聴だけれども、こんなふうにしてもらえば十分にやっていける」という認識を、学校生活の中で具体的に見つけていくことが、難聴生徒の未来を切り開きます。

難聴生徒とのコミュニケーション改善のポイント

場面設定	「1対1」「スモールグループ」「一斉授業」「アウトドア」「全校朝会·集会」など、場面によって難聴生徒の理解の様子は変わる。どの場面でどうすればいちばんいいのか、日常の観察を積み重ねることで見えてくる。
チャンネル	テレビを見る時はチャンネルを合わせるように、チャンネルを合わせてやればしっかりと伝わる。聴者は、聴覚チャンネルでコミュニケーションができる。難聴生徒は聴覚チャンネルだけではうまくいかないことが多い。そこで、「読話」「書き言葉」あるいは「手話」といった手段を併用しチャンネルを合わせてやることで、コミュニケーションがうまくいくようになる。
背景 文脈の確認、 共有	難聴の生徒は語彙に偏りをもつ場合が多く、また初めて耳にする単語は伝わりにくいので、話の中身がなかなか理解できない。専門家同士の話は、素人にとっては聞こえても何のことか分からないのに似ている。逆に、一度聞いて理解したものについては「ああ、あれか」と聞き分けることが可能になる。
まず、話が伝わりやすい場面と苦手な場面を見つけてください。つぎに、どのようなチャンネルが情報を伝えやすいかを考えて工夫します。これでたいていは大丈夫ですが、この二つがそろっても伝わりにくいことがあります。それは、その子が話の中身を理解するための背景知識や文脈が共有できていないからです。そんな時には、お医者さんが問診するように、対話の各ステップで「分かっているかな」とチェックしながら、分かるレベルに合わせて話すことを心がけてみてください。	

22 周囲の生徒へのはたらきかけ

Q 学級の生徒に難聴生徒のことをどのように伝えたらよいでしょうか

小学校高学年以降、きこえる子どもたちは、難聴の子どもの辛さや行動の理由が分かるようになります。そこで、心情や背景に気づかせるはたらきかけをします。「きこえの教室」では、担当が学級に出向いての授業も行っています。学年や時間設定などに応じた内容を相談できますので、校内外問わず利用しましょう。

Ａ中学校の１年生は総合的な学習の時間に「福祉」を学んでいます。その一環として聴覚障害にかかわる話をという依頼があり、「聴覚障害とはどういうことか」というテーマで授業を行いました（３学級約110名：２時間)。生徒の中に１名難聴児がいます。

補聴器をつけてみよう

一人ひとりに補聴器を装用してもらい、席を立つ際に出る音、筆入れや本を落とした時に出る音、近くで話す大きな声などを聞かせました。

> **補聴器をつけると、小さな音でもよく聞こえる。しかし、雑音も大きく聞こえるので、うるさくて大変である。**

聴覚障害を疑似体験してみよう

> **聴覚障害**
> **＝聞こえにくさ＋分かりにくさ**

「聞こえにくさ」は、小さな音が聞こえないということです。例えば、耳栓をした状態を想像すれば、見当がつくと思います。雑音の問題はありますが、「聞こえにくさ」は補聴器でかなり補うことができます。

「分かりにくさ」は、たとえ聞こえても、内容が分かりにくいということです。このことは、残念ながら補聴器でもほとんど補うことはできません。では、「分かりにくさ」を疑似体験してみましょう。

モデルに、ヘッドホンステレオを使って滝の音に似た雑音（ホワイトノイズ）を両耳に聞かせた状態で、アトランダムな短文を聞き取らせました。すると、「１＋１＝２です」「もうすぐ夏休みだから、暑いけどがんばろう」「松井選手が三冠王を取ると思いますか」などの短文でも聴きとりが難しいことが分かりました。

バリアフリー（障壁の除去）

障害＝バリア（障壁）と考えましょう。

> **世の中には　今障害をもっている人とこれから障害をもつ人がいます。障害者に優しい社会は　誰にも優しい社会です。**

「ユニバーサルデザイン」の話をし、「アメリカでは、段差があって車イスが入れない店は、『差別』になる」という新聞記事を紹介しました。

聴覚障害は誰の障害なのだろうか

①小さな音が聞こえない

②話や音を正確に聞きとるのが難しい

③話の内容が分からない

④危険を避けることが難しい

避難放送はされたが、聴覚障害者は、阪神淡路大震災、東海村原発臨界事故で取り残された。クラクションや注意が聞こえても、とっさには方向が分からないので避けるのが遅れる。

⑤孤独感を感じることが多い

みんなが笑っているが、なぜ笑っているのか、その理由が分からない。分からないときには、聞けばいいのだが、毎回聞くのは気がひける。

⑥誤解されることが多い

「約束したのに来なかった」「分かるって言ったのに、全然分かっていないじゃないか」などと言われ、聴きとれなかっただけなのに、約束を守れない、嘘つきだと誤解される。

⑦音による情報が伝わりにくい

電話、目覚まし時計、炊飯器や洗濯機のブザー。

①から⑦について、「聴覚障害者自身の障害」「社会が作った障害」のいずれであるか、判断とその根拠を発表してもらいました。①②を聴覚障害者自身の障害、③～⑦を社会が作った障害とする意見が多く出されました。

最後に「君にできるバリアフリーをぜひ考えてほしい」と話し、ビデオで、古テニスボールを机とイスのキャップとして利用している教室の様子を見せました。最初の補聴器体験から「全然、音がしない」と感嘆の声が上がりました。

生徒の感想

- きこえない人は、私の想像以上に苦労していることが分かった。そして、体験してみて、補聴器をつけても、雑音が大きく、肝心の話が聞きとりにくいことが分かった。大変さがよく分かった。
- 「話や音を正確に聞きとることが難しい」というのは、社会の作った問題だと思います。正確じゃなければいけないことも多いし、正確に分かってもらうことも大切だと思うからです。
- 雑音の入ったテープを聴きながらでも、人の話を聞きとることはできたけど、難しかった。今日は、一生懸命聞いたから分かったのであって、ふいに声をかけられたのでは分からなかったと思う。
- 聴覚障害についてよく知ることができ、今まで勘違いしていたことが分かった。それは、障害はその人の責任ではなく、社会の責任だということ。僕たちは、気づかないうちにB君を困らせていた。

㉓ 難聴生徒の学習と学力

Q きこえが悪いせいか、学習面がふるいません

授業中の先生の指示や説明が聞き取れなければ、うまく学習が進められないのが当たり前です。そのために、中学校に入学する頃には学習面で問題を抱えている場合も少なくありません。そんな難聴の子どものための工夫を考えてみました。周囲の生徒へも好影響をもたらすことが期待できます。

決め手は指示と発問

難聴生徒は授業中の先生の話がうまく聞きとれない場合が多いのです。読話（口の動きから話を類推する）をする生徒の場合には、高度の集中が必要なため非常に疲れます。授業者が一生懸命に口を見せて話しても、本人は授業の後半は疲れきってうまく読むことができないこともあります。授業にうまく参加できないことも多くあり、それが蓄積されると「学力不振」に陥ります。

難聴生徒の参加しやすい授業のポイントについて、難聴の子ども対象にした調査では次のようなことが言われています。

> **指示や発問が理解できた場合には「授業が分かった」と感じることが多い。**

ですから、その1時間の学習の柱となる課題・指示・発問が伝われば、難聴の子どもも授業に参加しやすくなります。また、指示や発問がだらだらと長かったり、内容が不明瞭だったり、何度も言い直したりするのは混乱のもとです。指示や発問を吟味した上で、提示にあたっては、次のような工夫が有効です。

- **フラッシュカードの活用**
- **ワークシートの準備**

- **学習課題の板書**

教育現場に蓄積された通常学級の授業改善のポイントはそのまま、難聴生徒にも分かりやすい授業に直結します。

書き言葉をうまく使って

書き言葉は難聴生徒には比較的扱いやすい媒体です。書いてあるものをじっくりと読んだり、自分の考えを書いて整理したりするのは、難聴のハンディが比較的少ない学習活動です。ですから、言語力の高い生徒に特にお勧めなのが、このような学習の仕方です。私たちは、よい参考書を用意してそれをじっくりと読んで学習する形態を推奨しています。基礎的な理解が確かな生徒・教科について

身につけて欲しいのは自信と勉強法です

あっという間に期末テストの季節です。二学期になってから通級教室では、学校生活の話を聞かせてもらうよりも勉強を教えるのが増えました。みんな大変そうですががんばっています。通級指導の時間には、「きこえの障害」から起こるさまざまな問題に対応する「自立活動」の時間と、学習を支援するための「教科の補充学習」の時間が認められています。きこえの障害から起こる学習上の問題はさまざまです。教科の得意不得意もさまざまで、数学の得意な子、英語を苦にしない子、理科が好きな子、などなど。

そんな生徒を教えている様子を見ると「補習」とか「塾の学習」のように見えるかもしれません。（中略）教科の専門家でない者が教えるので、さほどの成績向上は期待できないかもしれませんが、単なる補習ではありません。生徒がコミュニケーションを取りやすい1対1の、しかも比較的静かな環境で学習すれば、効果は上がります。そのことを通して「やれば分かるじゃないか」「ああ、こうすればいいんだな」という自信と勉強法を身につけてくれれば、学校での勉強にも身が入るのではないかと期待しています。

（長岡聾学校通級教室だより「耳を澄まして目を凝らし」2007、第13号より）

は、書き言葉（参考書など）を活用して、どんどん学習を進めるのが有効です。また、作業プリントを使って個人のペースで学習を進めていく、「個別化された学習形態」などもいいでしょう。

ただ、難聴から生ずる言語的ニーズが大きい生徒もいます。このような場合には、「予習」が大変に大切です。事前に重要語句を耳にしておくだけで理解が向上します。

読書と漢字で言葉の力を

教科の力をつけようとしても、言語力が不十分な場合にはなかなかうまくいかないことが多いですね。学習の基盤となる言語力を高めるためには、日常生活の中で「聞き、話し、読み、書く」活動をいかに充実させるかが問題です（この点は家庭の責任も重大だといってよいでしょう）。

学級経営の一環として次のような取り組みなどを行うのは難聴の子どものためになるだけではなく、周囲の生徒の学力の基盤整備にも有効なはずです。

- **学級読書の取り組み**
- **ノートや作文、通信による交流**
- **3分間スピーチ**
- **漢字や単語の継続的な小テスト**

特別な方法ではなく、これまでの学習指導や学級作りの中で培われた方法を活用することが、難聴生徒の学力向上に直結します。

通級教室での学習指導

通級教室では「教科の補充指導」も、しています。とりわけ小学校の中学年以降は、この指導が重要になってきます。中学校では、教科の学力状況は子どもの自己像に大きな影響を与えます。成績が振るわないことがきっかけで、学校生活への不適応傾向が助長されるというケースも見られます。教科の得意不得意はさまざまで、数学が得意な子もいれば、国語や社会が好きな子もいます。学習しにくいと思われている英語であっても、好きだという子はいるのです。一人ひとりの状況に応じて、通級教室は学習面でも教科の補充指導という形で支援しています。

24 難聴生徒の英語学習

Q 聞こえないことが多いと、とりわけ英語の学習は大変ですよね

「耳で聴く」という活動の占める割合が高い英語の学習は、難聴の生徒にとっては苦手なことが多いのです。とくに、入学して最初の英語の授業の学習では「耳から聞いて口から出す」という最も苦手な活動が中心。通級教室での取り組みや工夫を紹介していきます。

ラジオが聞ければ大丈夫

難聴の生徒といっても状況はいろいろです。私は「ラジオの『基礎英語』をテキストを見ながら聞きとれる生徒は、特別な手立てはいらない」「あとは本人の好き嫌いと努力で決まる」と言って、一つの目安にしています。中等度難聴の生徒（80dB位まで）ならば、補聴器の力を借りて、かなり英語も聴き取れます。このような生徒は、リスニングも含めて、きこえる生徒と同じやり方で指導を受ければ大丈夫です。聞きとれたって英語が苦手な生徒はたくさんいることを考えてみれば、「難聴だから英語ができない」というわけではなさそうです。

耳からでは難しい生徒は

中学校に入って初めてのALTの先生との英語の授業、何を言っているのかが自分だけ分からなくて、泣き出してしまった子がいるんですよ。

ある通級教室の先生から聞かせてもらった実際の話です。中学校入学の時に、生徒はいろいろな夢や思いを抱きます。部活と並んで英語の学習、特に外国人の先生と実際に話す授業はあこがれの一つです。英語の時間には、「楽しい会話やゲームを通して英語を身につける」という授業が広く行われるようになりました。でも、これは難聴生徒にとっては実に大変な作業です。泣き出した生徒の気持ちが容易に想像できます。

また、中学校の最初に「英語は分からない」という思いが頭にしみついてしまって、高校に入ってからの英語の学習についていけず、やり直すために定期的に相談に通ってきた生徒もありました。

指導例① —辞書を活用—

ここからは、英語の学力をつけるための取り組みをいくつか紹介します。最初に「辞書の活用」です。高校への発展を見通したときには、辞書が使えれば、発音が確認できます。そこで以下のような指導を、1年生に行います。例えば「really」という単語をひいたら 次のように書いて整理させます。

①spell《スペル》を読んで書く（「アール・イー・エイ・エル・エル・ワイ」）

②syllable《シュラブル》（日本語の音節《おんせつ》にあたる）の切れ目に点またはハイフンを入れる。さらに、その下にシュラブルの数を書き入れる。

③発音記号を書き、その隣にカタカナで発

音を書く。必ずstress《ストレス》（強勢《きょうせい》）も書き込む。

④日本語の意味を書く。

↙ストレス
ré-al-ly［ríəli　リアリイ］「本当に、全く」
└３┘　↑　↑　↑
↑　発音記号　カタカナの発音　日本語の意味
syllable の数

普通は辞書と言えば、「分からない単語の意味を調べる」と考えがちですが、「発音を確認する」道具として使いこなして欲しいと思っています。

指導例② ─プロソディ─

音声の中でも、音節数･リズム･強弱などの要素をプロソディといいます。細かい子音などよりも、プロソディに注目して発音指導を行っていきます｡英語の発音ではsyllable数とストレスは重要です｡この２つに気をつけて読むように指導すると棒読みになりません。日本語の五十音がきちんと発音できる生徒であれば、英語の発音もほぼ大丈夫です。

指導例③ ─文字をみて読む─

「英語が全然わからないんです」と、重度の聴覚障害のＡさんが、１年生の２学期になって言いました。よく聞いてみると「何を言っているか分からないし、notの位置とか、語順とか、さっぱり分からないんです」とのこと。文字が入ってきたから大丈夫、と思っていたのですが……

そこで、次に紹介するようなやり方で指導してみました。

①指導者に続いて読む。最初はゆっくりと各単語をシュラブル単位で指をさしていく。読めない単語は読話をして、もう一度読む。

②続いて、生徒は範読を聞きながら、文字を、指で確認しながら聴く。

③指で追うのをやめ、目で追いながら聴く。１回目はゆっくり、２度目は標準のスピードにする。

④文字を見るのをやめて、指導者の範読を読話しながら聴く。

⑤ダイアローグの中から２～３の文を選んで、読みを聴いて書き取らせる。

これでやってみたところ、かなり効果がありました。⑤のディクティションのところでは、ほぼ完璧に書くことができました。途中で「どう」とたずねると「うん、なんかすごくよく分かる」と言ってくれました。読話しようとして先生の顔を見るので、文字と読みの対応が身につかなかったところに問題があったのです。指導中は一貫して「許可した時以外は読話しないで、教科書を見なさい」と言いました。「読書百ぺん 意自ずから通ず」を英語でやってみたのです。易しい英文を選んで何回も読めば、語順は自然に頭に入っていきます。Ａさんは、このやり方で英語の学習をがんばって高校にも進学し、さらに国立大学に入ることができるまで、英語の力を高めることができました。

25 進路問題と高校入試

Q 難聴生徒は中学校を卒業すると高校へ進学するのですか

中学校を訪問すると、難聴生徒を担任する先生方からこの質問をよく受けます。通常学級に在籍している難聴生徒は、ほぼ100%が高校への進学を希望していると言っていいでしょう。中学校できちんと学校生活をおくることができれば、高等学校でも同様にがんばってくれるケースがほとんどです。

統合教育は高校でも

統合教育（障害のある児童生徒が通常学級・学校で教育を受けること）は、高等学校でも行われています。きこえる生徒と一緒に学校生活を送ってきた難聴生徒が、引き続き高等学校へ進学するというのは、きわめて自然なことです。ですから、難聴生徒への進路指導についても、他の生徒と全く同じ内容で進めてください。

また、希望すれば聾学校の高等部を受験することも可能ですし、このような例も実際にはあります。聾学校高等部の受験については、各県の教育委員会が発表する「高等学校選抜要項」に高等学校分と併せて記載されています。また、直接聾学校へ問い合わせていただくのもいいでしょう。

受験で問題になること①

受験の際に問題になることは大きく分けて2つあります。1つ目は、面接の際のやりとりや受験場での諸注意の聞きとりがうまくできない可能性が高いということです。先生方の学校に難聴の生徒が入ってきた最初の場面を思い出してください。生徒の話がうまく分からなかったり、先生方の話を、生徒が訳も分からずにポカンと聞いていたり、といったことがなかったでしょうか。受験会場で話す人や面接担当の人は初対面ですから、事情が分かりません。またそれ以上に、受験する生徒本人が「相手の言っていることが分からなかったらどうしよう」「自分の発音で分かってもらえるか」と不安になっているにちがいありません。

そこで、この点について、ぜひ中学校側で受験校と連絡をとっていただき、また、その旨を生徒本人にも伝えておいてください。調査書に副申書を添付するとか、配慮願いを別途送付するなどの方法があります。電話での依頼も可能ですが、高校では「窓口は教頭先生、実際に試験場で難聴生徒に対応するのは別の職員」ということが多いようです。文書にしておけば担当者に回してもらえて、より確実です。記載内容は、以下のことが考えられます。

①補聴器をつけて、通常の学校生活を級友と一緒に送ってきたという事実

②面接がある場合、顔を見てゆっくりと話してほしいという依頼

③質問を聞きかえすのは「確認しよう」という気持ちの現れであること

④呼び出しの時には近くで声をかけてあげてほしい

⑤試験場での指示は、書いたものも併用して提示してほしい

基本的には本人の日頃の話し方や聞き取りの様子をそのまま書くのがいいでしょう。

受験で問題になること②

次に公立高校の一般入試における英語のリスニングについて紹介します。在籍中学校では、定期テストの時に、読話のできる状態でコミュニケーション能力を評価するため、別室で肉声によるテストを実施しているところが多くあります。日頃からそのようにして学習し評価してもらっている生徒のためには、入試でも同様の方法でリスニングのある英語の時だけ別室で受検することが可能です。

「平成20年新潟県公立高等学校入学者選抜要項」からの抜粋を紹介します。

> 別室受検など特別な措置を必要とする者については、在学（出身）中学校長が、平成20年２月29日㈮午前11時までに「学力検査における特別措置実施申請書」（別記様式７）により当該高等学校長に申請する。申請のあった高等学校長は、速やかに新潟県教育庁高等学校教育課長に報告し協議する。

新潟県内でもこれまで、いくつもの高校で別室受検の措置が取られました。平成13・14年度入試の２年間で４校、５名がこの形で受験をして進学しています。なお、実際に高校に送付した文書の例は巻末資料に載せてあります。

将来の夢は難聴生徒も同じ

難聴生徒も、周りの聞こえる生徒と同じような将来の夢をもっています。成績や職業について悩む内容も全く同じだと思ってもらっていいでしょう。ですから、進路指導は他の生徒と同様に進めていただければいいのです。ここで紹介したのは部分的で特別なものばかりです。進路指導は「自分探しの生き方指導」です。学級担任の先生の励ましやアドバイスが、難聴生徒にも大きなプラスになっていきます。

受検にあたって難聴生徒が心配しがちなこと

心配されること	お願いしたいことの例
リスニングがうまく聞き取れないのでは？	読話できるように英語だけ別室で受検する。
面接の時にうまく聞き取れなかったり、聞き返してばかりいると、変に思われないか？	面接担当者にその生徒のコミュニケーションの在り方を理解しておいてもらい、聞き返しても変に思われないようにしたい。
指示が分からなかったらどうしよう。途中で友人に聞くとカンニングと間違われてしまうのでは？	重要で長い指示は、書き言葉（文書や板書）で示してくれるようにお願いする。

26 難聴生徒の進路と高等教育

Q 義務教育終了後の難聴生徒の進路はどうなるのでしょうか

統合教育を受けている難聴生徒は、義務教育終了後は2つの道があります。1つは引き続き、聞こえる生徒と一緒に高校へ進み就職、大学・専門学校への進学の道です。もう1つは聾学校の高等部へ進学する道です。難聴生徒が高等教育へ進学するケースも確実に蓄積されています。

大学進学は当たり前？

統合教育を受けて既に高校を修了した65名の生徒を対象とした調査（1992）によると、高校以降の進路先は右のグラフのようになっています。約半数が大学（短大も含む）へ進学し、専門学校に進む生徒も35%と高く、高卒後すぐに就職する生徒は約15%です。小学校入学以来普通学校へ通い、高校へも進学した難聴の生徒であれば、その能力や成績に応じて大学をはじめとする高等教育機関へ進学するのは当たり前のことと言ってもいいでしょう。難聴生徒の中には、地域の進学校へ進んで、難関の国立大学や有名私立大学へ進む生徒もいます。力のある生徒が、その力をドンドン伸ばして大学へ進学するのも珍しくはありません。

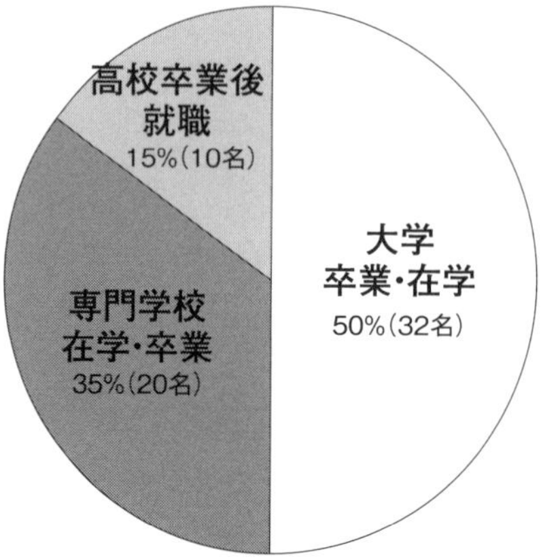

高校卒業後の進路

出典：聴覚障害と共に歩む会・トライアングル（1995）『母と子の教室修了生についての調査研究』

大学入試でも特別措置が

大学入試において、聴覚に障害のある場合には受検で特例措置がとられることもあります。大学入試センター試験では以下のような特別措置が可能です。補聴器をつけて受験す

大学入試センター試験における特例措置①

特別措置の対象となる者	特別に措置する事項（審査の上許可される事項）例
両耳の平均聴力が 60dB 以上の者	・手話通訳士の配置および注意事項等の文書による伝達 ・座席を前列に指定 ・補聴器の持参使用
上記以外の聴覚障害者	・注意事項などの文書による伝達 ・座席を前列に指定 ・補聴器の持参使用

るだけなのに、申請が必要なケースが多いのには少し驚かされます。これらの申請は出願の前、センター試験については9～10月頃、個々の大学については12月前後に出願予定の大学に直接、申請するようです。個人（または保護者）が申請する場合と学校経由で申請する場合があります。医師の診断書を求められる場合がほとんどです。

なお、診断書をもらう際には、お医者さんにお願いして、「補聴器が必要」とはっきり書いてもらうことが重要です。

A大学は、平成19年度にAO入試を受験した聴覚障害生徒のために、ノートテイカー（情報を文字にして伝える人）をつけた上で、面接を実施しました。ケースによっては手話通訳をお願いできることもあります。ノーマライゼーション指向の中で、特例措置も広がりを見せています。

聴覚障害者のための大学

茨城県つくば市には、筑波技術大学があります。ここは聴覚および視覚に障害のある者を対象にした大学で、全国の聾学校卒業生や難聴生徒が進学していきます。障害者高等教育研究支援センターを設置し、聴覚障害者や視覚障害者のための支援手法や機器の研究・開発、およびコミュニケーション能力や職業能力の開発研究を行っています。また、学外の聴覚障害者や視覚障害者に対する支援も行っています。

出典：筑波技術大学ホームページ http://www.tsukuba-tech.ac.jp/

アメリカには、聴覚障害者のための大学として、ワシントンにギャローデット大学、ニューヨーク州のロチェスターには聾工科大学（National Technological Institute for the deaf）があり、いずれも、手話による授業・教授が行われています。

入学後のサポートは？

入学後のサポートを広げる努力も進んでいます。日本聴覚障害学生高等教育支援ネットワーク（PEPNet-Japan）は、そのための組織の一つです。HPにはさまざまな情報が掲載されており参考になります。（http://www.tsukuba-tech.ac.jp/ce/）大学内に手話サークルがある場合には、そのメンバーがノートテイクや手話通訳などのボランティアをしてくれることが多いです。手話サークルで手話と出会って、手話を身につける難聴者も少なくはありません。

大学入試センター試験における特例措置② ―英語リスニングテストの免除―

事前に申請を行うことで、センター試験におけるリスニングテストの試験を免除してもらうことができます。これは、リスニングを免除してもらうだけで、その後の措置はさまざまです。平成19年の受験の際に、A大学では下のような方法でリスニング得点を処理すると解答しました。大学によってはこのような方法で構成しない可能性もあるので、個々に確認と申し入れが必要でしょう。

$$\frac{\text{満点}}{\text{満点得点}-\text{リスニング得点}} \times \text{自分の得点}$$

〈トピック6〉 人工内耳

この20年ほどの間に、聴力補償（きこえにくさを補うこと）の機器として、補聴器だけではなく人工内耳が普及してきました。日本でも、2005年4月現在、3,700名あまりの装用者がいます。はじめのころは成人がほとんどでしたが、最近は小児への装用例も増えてきています。

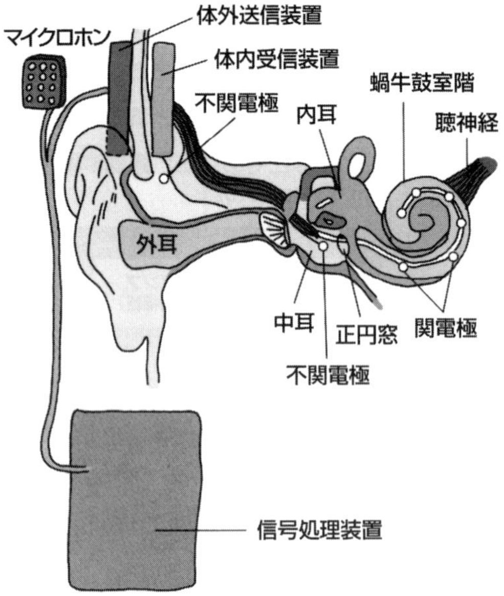

出典：聴力調整指導小委員会(2004)『難聴児童生徒へのきこえの支援』
財団法人日本学校保健会

(1) しくみ

人工内耳の機器は体外部と体内部に分かれています。体外部には、マイク（耳かけ）、信号処理装置（スピーチプロセッサ）、送信装置、ケーブルなどがあり、体内部には、受信器、電極などがあります。

マイクから入った音は信号処理装置で分析され、どの電極を刺激するかが決められます。その情報は送信コイルから、頭皮をはさんで側頭部に埋め込まれた受信器に向かって、磁力を使って送られます。次に、蝸牛に挿入されている電極が、送られて来た音声情報により内耳を電気刺激します。これが脳に伝わると、音として感じとられるのです。

(2) 人工内耳のお子さん

人工内耳のお子さんも補聴している限りは、補聴器装用のお子さんと同じようなことが言えますが、下記の点にご注意ください。

・片耳のみの装用が多く、音の方向感が分かりづらい。

・検査の結果などからは、騒音がある場合に聞き取りづらいと言われている。

・もともとの聴力が厳しいことが多いので、プールサイドなどで、人工内耳を切ると不安感が一気に増大しやすい（水泳することには問題はない）。

・バッテリーの消耗が補聴器に比べてかなり早い。

人工内耳については、メーカーや装用者の作るホームページも多いので、そちらを参照ください。このトピックの原稿は下記のホームページと書籍を参考にしました。

・人工内耳友の会［ACITA］ホームページ
http://www.normanet.ne.jp/~acita/index.html

・聴力調整指導小委員会（2004）『難聴児童生徒へのきこえの支援』財団法人日本学校保健会

〈トピック7〉障害者手帳と福祉について

障害の程度に応じて、受けられる福祉サービスの例を紹介します。

障害者福祉の規定は、通常は法律に基づいていますが、自治体で独自の助成を行っている場合もあります。利用に当たっては、必ず各自治体に確認ください。

（1）福祉の概要

①福祉サービス：補装具の交付や修理、医療費の助成、住宅改造の資金貸付など

②公共料金・税金の減免：交通機関、入場料などの減免措置

③手当て・年金の給付：特別障害者手当て、障害年金

（2）等級について

聴覚障害の程度により以下の等級に分かれます（1級・5級は聴覚障害にはない）。

第1種		第2種	
2級	3級	4級	6級
両耳の聴力レベルが100dB以上のもの	両耳の聴力レベルが90dB以上のもの	①両耳の聴力レベルが80dB以上のもの ②両耳による普通話声の最良の語音明瞭度が50％以下のもの	①両耳の聴力レベルが70dB以上のもの ②一側耳（片方の耳）の聴力レベルが90dB以上、他側耳（もう一方の耳）の聴力レベルが50dB以上のもの

（3）支援の内容と具体的な手続きなど

1)補聴器の交付や修理を受ける時…事前の申請が必要

・申請先：市町村の障害福祉関係窓口

・申請に必要なもの

①指定医師の意見書　②見積書（業者が発行する）

③調査書　④身体障害者手帳　⑤印鑑

＊手帳の交付を受けると、福祉法指定機種の補聴器の交付を受けることができます。現在は、通常1割を負担することになっていますが所得などに応じて減免措置もあります。一番詳しいのは販売店（ディーラー）の担当者ですので、よく相談するのが一番です。

2)交通運賃の割引例（購入時または料金支払い時に、身体障害者手帳を見せること）

	第1種に該当する人	第2種に該当する人	割引率
ＪＲ	本人と介護者 ＊単独乗車の場合は100km以上から	本人のみ	50%
バス （新潟県の例）	本人と介護者 普通乗車券と定期両方	本人のみ 普通乗車券と定期両方	運賃50% 定期30%
タクシー	2級の人は年間48枚、福祉タクシー助成券を利用できる		10%

〈トピック8〉 きこえの教室だより②

●教室から巣立っていく生徒へ

現在のシステムでは、通級指導が公式に認められるのは中学校までです。中学卒業時に、就学前からの支援に一区切りをつけて子どもたちは巣立っていきます。幼稚部から通算すれば、10年を超えることも珍しくない支援を振り返り、これからの新しい世界での自立と健闘を祈って、教室から生徒を送り出します。

通級教室だより

ひ・ら・く ＝ability＝

No. 30　25th February, 2002

新潟県立長岡聾学校　難聴通級教室
tel0258-38-0210(直通) fax 39-5665
e-mail:nad-tsuq@niigata-inet.or.jp

卒業ですね・・

A子さん　おめでとう

3月8日の卒業式が近づいてきましたね。当教室に通級してもらっていたA子さんが，卒業します。通級教室のほうは，卒業と同時に自動的に修了になりますので，特別なイベントはありません。今回のお便りが私の送る言葉です。

今，私は10数年前を想像しています。お母さんがはじめて幼いA子さんを抱いて，この聾学校の門をくぐった時のことです。おそらくは，途方にくれてワラにもすがるような思いでお見えになったのではないでしょうか。その後，幼稚部で指導を受けながら「言葉を育てる」ことに親子で全力で取り組んだ様子は，お母さんや当時の担当の先生から何回もうかがいました。「カ行」の音がなかなかうまく発音できず，お母さんは苦労をしたそうですね。今のA子さんは「ナガオカ」も「シライカズオ」も，とてもきれいに発音できます。苦労はあったけど，ことばも順調に育ち，幼稚園・小学校・中学校と成長してくれました。

でも，補聴器をつけて今の社会で生活するのは，大変なことがたくさんあります。A子さんは，小学校時代は特に通級をせずに過ごし，この教室に通うようになったのは中学校の最後の1年間だけでした。私の知らない苦労もたくさんあったのかもしれません。A子さんは読話が上手で，漢字もよく知っているので，この教室で話をする時に私は苦労した覚えがありません。もっとも，私は地声が大きいので，補聴器にがんがん響いてあなたには迷惑をかけていたのかな・・

7月にA子さんのクラスで特別授業もさせてもらいました。その時に，スポンジがスーッと水を吸ってくれるように，私の言葉が学級の生徒たちに入っていくのを感じました。そして「いい仲間に恵まれて幸せだ」とつくづく思ったものです。先回通級してきた時に，下敷きを見せてもらいました。仲のよい友人と「受験に向けてがんばろう」とお互いに書いて励ましあっているんだ，との話，卒業に向けて厳しい中にも充実した最後の中学校生活を送っていることをうれしく思うし，やはり友人の力はたいしたものだと思いました。

言葉にこだわり言葉を育てる聾学校ですので，私からの卒業祝いは二つの言葉です。

一つ目は**「『productive』な人生を」**ということです。この言葉は教室の目標の中にも出てくる言葉で，これを私は**「自分にとっても社会にとっても意義のある人生」**と訳しています。productiveの語源は「product（ものを生産する）」という動詞です。世の中で役に立つようないろいろなものを作る，そしてそのことで周りの人から感謝され，自分もそれを喜びにしていける，そんな人生のあり方をこの言葉が示してくれています。あなたも私も多くの人の世話になって生きています。そのことを自覚し感謝しながら，自分もまた社会の中で何かの役に立っていきたい，そう考えていけばたいていの困難は乗り切れます。自分が大事にしてもらいたいのなら，自分が相手を大事にすることです。与えなければ得ることはできません。**あなたは与えることのできる人間になれる力があることを忘れないでください。**

二つ目には宮沢賢治の詩を送ります。

「精神歌」　宮沢賢治

日ハ君臨《クンリン》シ カガヤキハ　白金《ハクキン》ノアメ ソソギタリ

ワレラハ黒キ 土ニ俯《フ》シ マコトノクサノ タネマケリ

「マコトノクサ」というのは『真《まこと》の草』であり『誠《まこと》の草』であり『実《まこと》の草』だと思います。あなたが「マコトノクサ」の種を一つでも二つでもまいてくれれば，その種は太陽の恵みを受けて豊かな実を結ぶことでしょう。私もあなたに負けずにがんばります。本当に卒業おめでとう。

第4章　基礎知識

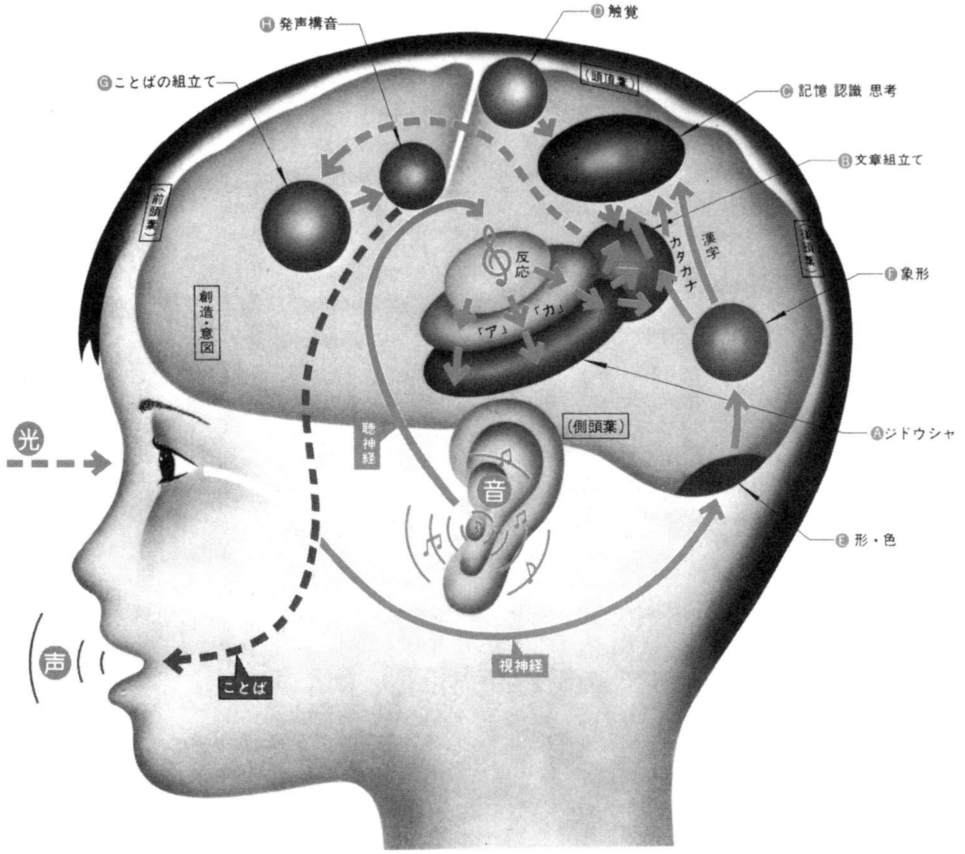

出典：岡本途也監修（2000）『補聴器コンサルタントの手引』リオン株式会社

27 耳ときこえのしくみ

Q 難聴児の耳の中はどうなっているのでしょうか

障害という言葉は「身体のどこかに損傷がある」「そのためにできないことがある」「そこで社会的に不利益が生ずる」という３つのレベルで考えることができます。「難聴」を理解するためには、どうしても「身体面の損傷」のレベルにまでさかのぼって理解することが必要になります。まず「耳ときこえのしくみ」について解説します。

重要な器官は奥に

耳といえば目立つのは「耳介」ですが、きこえにかかわるのはもっと奥の部分です。音は空気の振動（波）ですが、次のルートで伝わります（**図１**参照）。

鼓膜→耳小骨→蝸牛→聴神経→脳

このルートのどこかに損傷があると、難聴が起こるわけです。鼓膜は空気の振動に感応して、自身が振動します。太鼓は膜が振動して音を出しますが、それとは逆のことが生じていると考えてみてください。耳小骨は、人間の骨の中でもっとも小さい３つの骨（ツチ骨・キヌタ骨・アブミ骨）の総称ですが、この骨が鼓膜の振動をテコの原理でさらに増幅して蝸牛に伝えます。「鼓膜」や「耳小骨」の損傷によって起こるのが「伝音性難聴」です。この難聴の原因は、中耳炎や鼻の不調から来るものが多く、手術や投薬などの医療措置によって改善する可能性があります。

蝸牛《かぎゅう》の内部が問題

中耳の奥に「蝸牛（内耳）」という器官があり、伝わってきた振動を「電気信号」に変換する仕事をしています（**図２**）。蝸牛は細長い管がぐるぐる巻きになったような構造で、中はリンパ液で満たされています。耳小

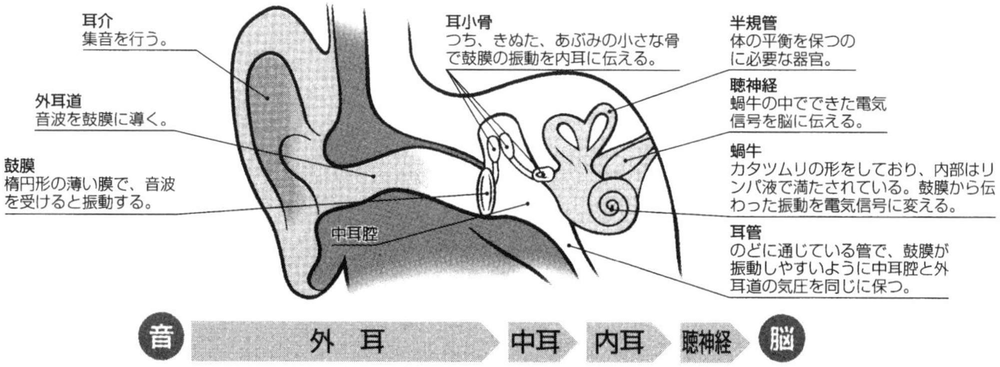

図１　きこえのルート

出典：リオン株式会社（2006）『福祉日誌』

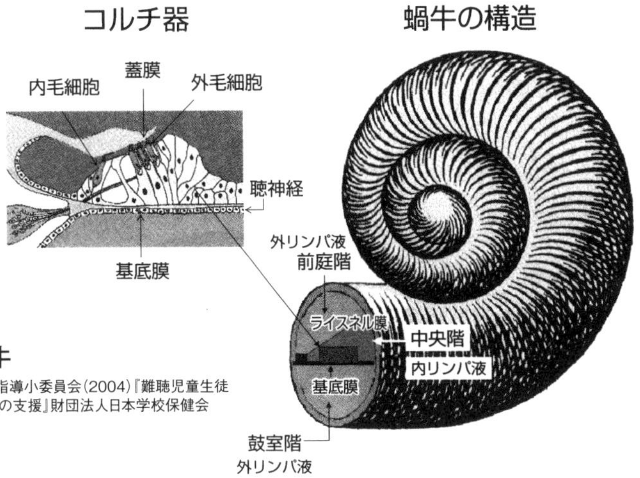

図2　蝸牛

出典：聴力調整指導小委員会(2004)『難聴児童生徒へのきこえの支援』財団法人日本学校保健会

骨が伝えた振動が、リンパ液を揺らすと、「有毛細胞」が揺すられて、電位差が生じ、信号として脳に送られます。

何らかの原因で、この蝸牛が障害され有毛細胞が機能しなくなると難聴になります。これを「感音性難聴」といいます。蝸牛から聴神経を通して脳に送られる電気信号を検出して聴力検査を行うことが可能で、「聴性脳幹反応（ABR）」といいます。最近では自動的に検査を行う機械が開発され、産婦人科で生後間もない乳児の聴力検査に利用されています。

聞きづらさは損傷に応じて多様

もしも有毛細胞が完全に障害されたとすれば、その人は全く音が聞こえないわけですが、そういうケースはまれにしかありません。ほとんどの難聴の子どもの耳には、正常に活動できる有毛細胞があって、音が伝わります。ですから、難聴児の耳は全く聞こえないのではなく、耳の中の障害の程度に応じてきこえの障害の程度も変わります。

聴神経から伝わった音の信号が、脳の中でどのように音声処理されるか、というのは極めて複雑です。鼓膜から始まって脳にいたる音の伝達経路のどこかに、何らかの原因で問題が生ずると必ず難聴が起こります。

突発性難聴の心配も

騒音や老化などによっても難聴は起こります。また、最近ではヘッドホンによる若者の騒音性難聴や中高年の突発性難聴も増加しています。難聴の子どもが、何らかの原因でさらに聴力が低下するケースもあります。このために、難聴の子どもは、病院やきこえの教室などで定期的に聴力検査を行い、聴力管理を心がけています。

障害部位と難聴の種類

伝音性難聴	鼓膜・耳小骨・中耳腔などに原因がある。 ・音が小さく聞こえる。 ・程度は比較的軽いことが多く、外科手術や薬物の投与などで、治癒・改善を見る可能性が高い。
感音性難聴	蝸牛や聴神経に原因がある。 ・熱・薬・出産時の異常等が原因といわれるが、不明なことが多い。 ・程度はさまざまで、音などが歪んで聞こえることも多い。 ・医療措置による治癒は難しい。 ・重度の障害の場合には人工内耳も選択肢の1つとなる。

28 音の構造と人間のきこえ

Q 難聴の人のきこえは私たちのきこえとどこがどう違うのでしょうか

難聴の人の耳は全く聞こえないのではありません。しかし、日頃の様子を見ると、難聴の子どもは、普通ならば簡単に聞き取れる音を聞き取れないことが多いのです。この点を理解するためには、どうしても私たちが聞いている音というものについて理解することが必要です。

音の大小と高低

音には大きな音と小さな音、高い音と低い音があるのは感覚的にすぐ分かります。これらの性質は物理的に測定することが可能です。そこで以下のような単位で、これらの性質をあらわします。

大小	dB デシベル	通常の人の聞こえる最小の大きさを0dBとし、対数であらわす
高低	Hz ヘルツ	1 秒間の空気の波の振動回数（周波数とも言う）をあらわす

聴力検査は、周波数ごとに大きさの違う音を出して、どのレベルの大きさから聞こえるかをきめ細かく測定します。すると、「低音ならば小さな音でも聞こえる」とか「4000Hzのところだけ、 極端に聞こえが悪い」とかいったことが分かります。検査の結果は**図1**のようなオージオグラムに整理します。

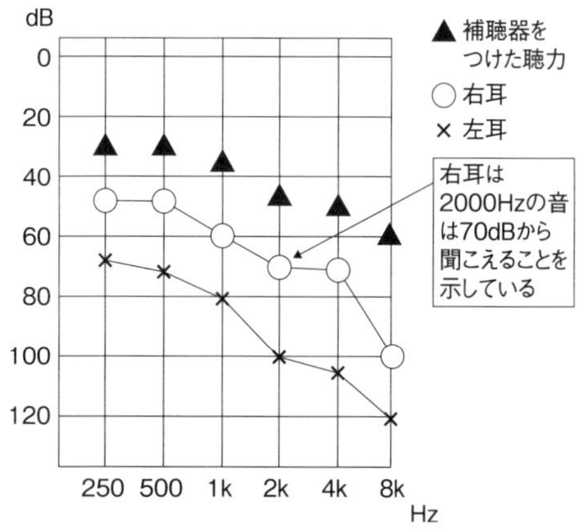

図1　オージオグラム

音情報としてとらえる

私たちの身の周りに存在する音はほとんどが「複合音」と呼ばれるものです。複合音は、いくつもの周波数の音が重なりあって音を作っています（**図2**）。そうすると、高音の聴力が悪い人は、常に音情報の中の「高音」の部分が欠落してしまいます。逆に、低音が悪い人は「低音」の部分の音情報が欠落してしまうのです。ですから難聴の人は音が聞こえないのではなく「音の情報の一部が欠落してしまう＝音を聞き違える」ことが多くなってしまいます。

聞き分けづらい音（音声を中心に）

人間が話す声を、特に「音声」と呼んで区別します。音声には「母音」と「子音」があります。例えば「タ」という音は「ｔ」という子音と「a」という母音が組み合わさってでき上がるのですが、その波形を観察すると**図3**のようになっています。

ｔという子音の部分は音も小さく短く周波

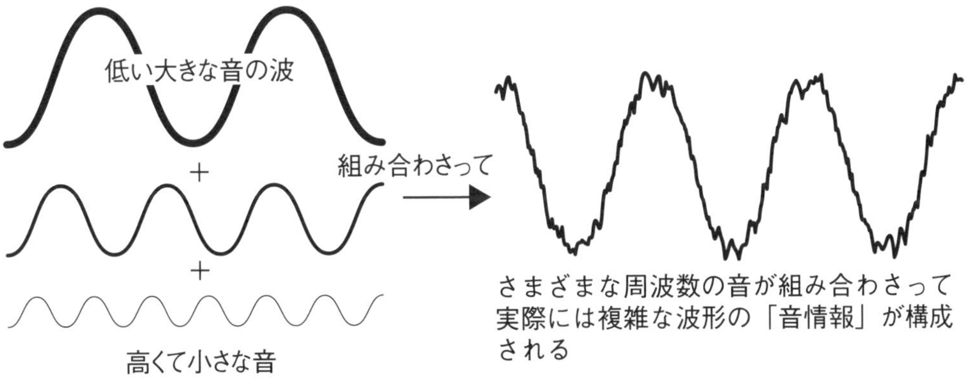

図2　複合音のしくみ

数も高い周波数を多く含みます。一方、aという母音は持続時間も長くエネルギーも大きいのが分かります。難聴児には高音にいくにしたがって聴力レベルが重くなる子どもが多く、そのために高音の成分が決め手になる子音がうまく聞き取れないことが多いのです。そこで以下に示すような子音の聞き違いが難聴児にはよくみられます。

ス→シュ　ツ→チュ　ク→フ　バ→マ
サ→タ　カ・ハ→ア　ル→ウ　など

大声はかえって分かりづらい

タという音を大きな声で言った場合をローマ字で表現してみました。

ta → t **a**

つまり、子音の t はあまり変わらないのに、母音の a だけが大きくなります。したがって、極端に大きな声でしゃべるのは、母音のみが強調され、聞きづらい子音が隠されてしまい、難聴の人にとってはかえって聞きづらくなってしまいます。「大きな声で」話すより、「少しだけ大きめな声で」話す方が実際には聞きやすいことが多いのです。

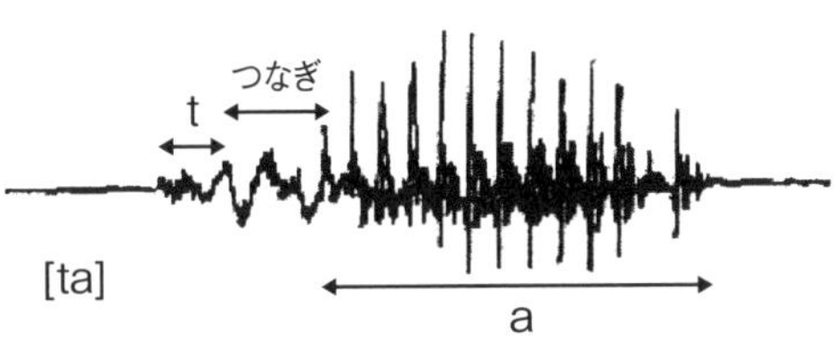

図3　タ（ta）の波形分析

オージオグラムからの予想

図4のように、オージオグラムを使うと、聞こえの様子を大まかに予想することが可能です。巻末にワークシートを添付したので活用してください。

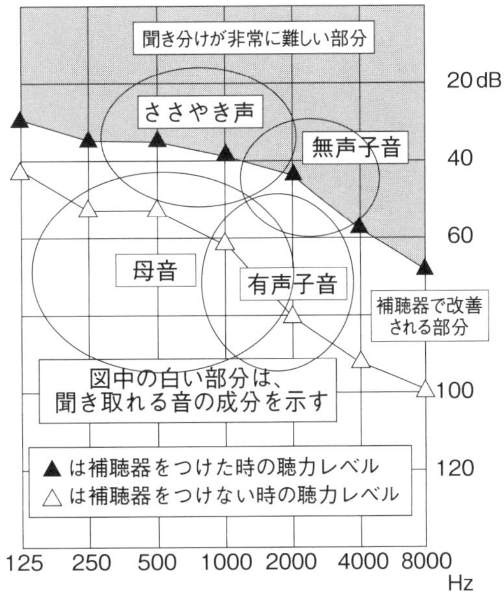

図4　オージオグラムから予想できるきこえの様子

29 補聴器のしくみとはたらき

Q 補聴器が音を大きくしてくれるから大丈夫なんでしょう……

通常の学級で生活している難聴の子どもにとって補聴器は「頼みの綱」です。中等度の難聴の児童・生徒なら、補聴器がうまく働いてくれれば難聴から生ずる問題の多くは解決します。その一方で、補聴器はさまざまな限界や問題を抱えています。「ありがたくて限界のある機械」それが補聴器です。

働き① 音を大きく

難聴の子どもはそのままの状態では音を正しくとらえることができません。そこで、補聴器を使って音を増幅（大きくすること）してやります。補聴器の構造は**図１**のようになっています。マイクと増幅器（アンプ）と電源（電池）とイヤホンでできています。補聴器には、箱形・耳かけ形・耳あな形などがありますが、いずれも上のしくみには大差がありません。

働き② 聴力に合わせて

補聴器は一人ひとりの聴力に応じて音の特性をコントロールすることができるように設計されていて、最新の科学技術を集めた精密機械です。難聴の子どもがつけている補聴器はすべて、その子の聴力に合わせて作られるいわばオーダーメイドの製品で、価格も１台５万円〜数十万円とかなり高価です。

図２で、△は裸耳で測った時の聴力レベル、▲は補聴器をつけて測った時の聴力レベル、図中の→はこの２つのレベルの差（ゲインと言います）を示しています。この場合、低い方の聴力がよいので、低音部は30dBのゲインです。ゲインが一番大きいのは４kHzのところで50dBあります。ところが、補聴器は騒音も一緒に増幅するので、むやみにゲインを大きくすると騒音も大きくなってしまって大変にうるさくなります。そこで、本

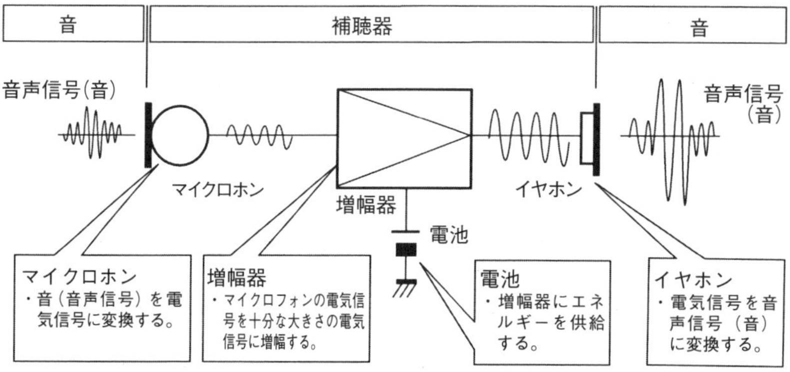

音
補聴器
音
音声信号(音)
音声信号
(音)
マイクロホン
増幅器
イヤホン
電池
マイクロホン
・音（音声信号）を電気信号に変換する。
増幅器
・マイクロフォンの電気信号を十分な大きさの電気信号に増幅する。
電池
・増幅器にエネルギーを供給する。
イヤホン
・電気信号を音声信号（音）に変換する。

図１　補聴器の基本構造

出典：大沼直紀著（1997）『教師と親のための補聴器活用ガイド』コレール社

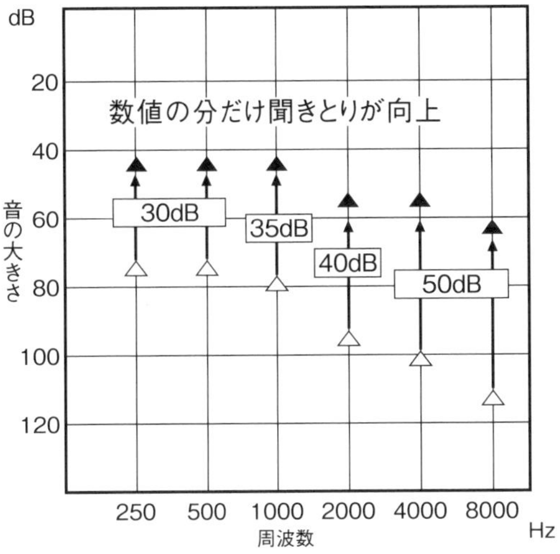

図2　補聴器による聞きとりの向上

人と相談しながら「うるさくなく、聞きとりやすいゲイン」を設定していきます。

働き③　大きな音をシャット

補聴器の働きには、「大きな音をシャットする」というのもあります。補聴器は小さな音を大きくするのですが、大きな音が入ったらどうなるでしょう。もっと大きなすさまじい音になってしまいます。そこで、補聴器にはこれ以上大きな音は出ないようにと、「出力制限装置」がついています。110dBから120dBくらいのところに出力制限を設けることが多いようですが、「不快閾値（これ以上の音は耳が痛くなったりしてとても聞いていられらないという音の大きさ）」に応じて制限値を決めていきます。補聴器の特性を測るとその補聴器でどれくらいのレベルのところに出力制限がかけてあるかが書いてあります。このように出力を制限することで、補聴器は大きな音をシャットして耳を守る働きもしています。

フィッティング

一人ひとりのきこえに合わせて、補聴器の特性を調整することをフィッティングと言います。通常は以下のような手順で進めます。

①ゲインの設定と補聴器の選定

聴力検査の結果にもとづいて、どれくらいのゲインが必要かを見積ります。続いて、補聴器を選びます。大きいゲインが必要な場合には、耳掛け形でないと適合しないことが多いです。

②特性の設定と実際の装用

特性を設定したら、実際につけてみて、いろいろと特性を変化させて試してみます。うるさい環境（交通量の多い道路、体育館など）に行ってみたり、わざと騒音を作り出したり（戸をしめる、机をたたく）など、さまざまな場面を想定してきこえの様子をチェックします。このよう作業を繰り返しながら、チェックを行い微調整していきます。

メガネと比較して

補聴器の働きは、よくメガネと比較されます。ところが、補聴器の効果は、残念ながらメガネほどではないようです。聴力レベルの厳しい人ほど補聴器の効果には限界が見られますし、効果の個人差は非常に大きなものです。軽度から中等度の難聴の場合には、補聴器は非常に効果的ですが、それでも、以下のような場合には補聴器はとたんに働きが悪くなります。

- グラウンドのような屋外の環境
- 休憩時間の体育館のように、周囲がとくに騒がしい状況
- 話す人と聴く人の間にかなりの距離がある場合

「補聴器をつければ何でも聞こえる」ということはありえません。補聴器は素晴らしい精密機械です。しかし同時に、弱点もあれば適合にはかなりの個人差もあるという、そんな機械なのです。

30 補聴器をめぐるトラブル

Q 補聴器をつけている子がよく「うるさい」と訴えます

補聴器は騒音も含めて音を増幅するので、つけているとうるさいものです。聞こえる人も難聴の人も大きな音を聞けば同じようにうるさいのです。さらに補聴器が自ら増幅した音が再び入り込んで「ピーッ」という音を出すハウリングという現象も起こりやすく、難聴の子どもの耳は総じて騒音に弱いのです。

補聴器による増幅が騒音に

ある校内研修会に呼ばれた時に、１人の先生にお願いして補聴器をつけていただきました。講師としてあいさつし、椅子をガタガタ動かしてからその先生に感想を聞いたところ、こんな返答でした。

> 立ち上がる時のイスのガタガタという音がものすごく響いてつらい。「もうやめて」と言いたくなった。

私たちにはなんでもない「バーン」「ドーン」というような音が、補聴器を通して増幅されると凄まじい騒音に変化してしまうことがあります。人間の耳が我慢できる最大の大きさの音は130dBと言われています。この大きさを「不快閾値」と呼んでいて、この大きさは難聴の子どもも聞こえる人も同じなのです。

私たちがうるさい音は難聴の子どもにとってもうるさいし、私たちがたいしたことないと思っている音でもうるさくなってしまうことが往々にしてあります。

大きな音がいきなり飛び込む！

難聴の子どもは小さな音は聞こえないわけですが、あるレベルを超えるといきなりその大きな音が飛び込んできます。これが「リクルートメント現象」と呼ばれるものです。平均聴力が100dBという重度の難聴児であれば、いきなり100dBの大きな音から聞こえ始めるわけですから大変です。人間の感覚は次第に慣れていきますから、何らかの形で折りあいをつけていくわけですが、それでも難聴の子どもが直面する音環境はかなりうるさいものだということは言えるでしょう。

騒音が信号を隠す

オーディオが好きな方なら「SN比」という言葉をご存知かと思います。Sはsign（信号）、Nはnoise（騒音）のことで、この値が高い時には、信号がはっきりと聞こえるのです。駅や大通りの雑踏の中では人の話し声はよく聞こえません。騒音が信号を隠すからです。

難聴の子どものきこえの状況は、きこえる人に比べてこのSN比が低いのです。静かな環境下で聞けばよく分かる話も、周囲がうるさい時には聞きとることが困難です。授業中、先生のほうをみんなが注目している場面では周囲が静かなので、補聴器を通してよく聞こえますが、グループ学習や実習のように、子ども達が思い思いに話したり活動したりする場面では、補聴器を使っても聞きとりが困難になってくることはよくあります。

静かな教室にピーッという音が

補聴器から音が漏れる現象を「ハウリング」といいます。体育館でマイクとスピーカのセッティングが悪いといきなりスピーカが「ピーッ」と唸りだすのと原理は一緒です。

ハウリングが起こっても、難聴の子どもは自分では気づかないことが多いようです。ハウリングの原因は、耳に入れてある耳型と外耳道が適合しないで、隙間が生ずることにあります。こんな時には、耳型を軽く押し込んでやるか、補聴器のボリュームを少し下げてやるかすればすぐにおさまります。子どもの外耳道も成長をしていますから、時間の経過によって耳型が適合しなくなり、何回も作り直すこともあります。

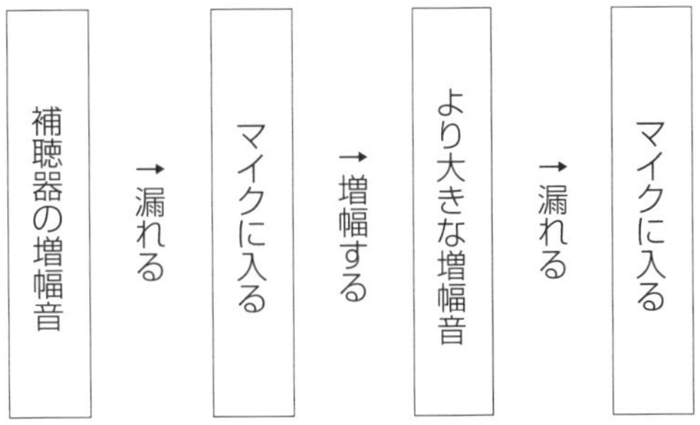

ハウリングのメカニズム

難聴の子どもは騒音が苦手

騒音下はうるさくてつらいということです。加えて、騒音が多いとSN比が下がってうまく聞き取れないことが多いということもあります。さらに、難聴が耳鳴りを伴っていることがあります。この場合には、騒音が耳鳴りを誘発することもあります。難聴の子どもは騒音が苦手です。

教室内での騒音についての生徒の感想……補聴器を換えた直後のメールから

こんにちは。この間の補聴器をつけての様子を報告しますね。あまりいいことはありませんでした。

●授業中

・他の人が話してる声、発表しているときなど雑音がうるさすぎてよく聞こえない。

・先生の声がいつもより響いて聞こえるため、うるさく感じる。

・外の雑音（車や飛行機の音など）がとても大きく響いて聞こえ、授業に集中できない。

・チャイムの音がものすごく響いて頭や目がクラクラした。

●休み時間

・まわりの音がよく聞こえすぎて近くにいる人との会話が全然聞こえない。

・雑音がうるさすぎる。頭が痛くなる。

こんな感じでした。遠くの音が聞こえるのはいいのですが、うるさく感じることが多すぎて不便でした。普通の人にも聞こえない雑音も大きく響いて聞こえ、会話など必要な音は聞こえなくて嫌でした。静かな所でも頭痛やめまいが続きました。

〈トピック9〉補聴器の販売店（ディーラー）について

補聴器の価格、ご存知ですか？　子どもたちが装用しているものは、１台（つまり右だけ、あるいは、左だけということ）が安いもので６～７万円、高いものは20万円をこえるのです。これを両耳につければ、数十万円になります。今は音響工学やデジタルの最新技術を集めて、かなり小型で音がきれいで性能がいい（たとえば、自動的にボリュームをコントロールしてくれたり、雑音と人間の音声を区別して雑音を排除したりとか）補聴器が作られています。

さて、補聴器は自動車と同じしくみで売られます。製品を開発して作るのはメーカー、それを売るのが販売店（ディーラー）です。補聴器は国産のものもありますが、外国製のものも広く使われています。価格だけ見ると「なんと高い！」と思うかもしれませんが、この価格にはアフターケアやモニター（試験的につけて試してみる）のサービスが含まれています。たとえば、耳に付けるためにイヤモールド（耳型）を使いますが、調子が悪ければ何回も作り直してくれます（耳にぴったりでないと、音がもれてピーッという音を出す現象がおこります：ハウリング）。また、ある補聴器をつけてみて、あまり具合がよくないと返品させてもらったり、別の機種をためさせてもらったり、とディーラーには、１台の補聴器を買うために長期間にわたりお世話になります。

きこえの教室には、たいてい数社のディーラーの営業担当者が来校し、補聴器のトラブルや電池の購入、耳型の取り直しなどにあたってくれます。また、私たちや保護者の方が、子どもの補聴器のことを相談すると親切に相談にのってくれます。補聴器という物品を買うのでなく「補聴器をつけるのに必要なすべてのサービス」まで含めた価格が、一台一台の補聴器につけられているのですね。子どもたちにとってはとても重要な補聴器、そのお世話をしてくださっているのがディーラーの皆さんです。

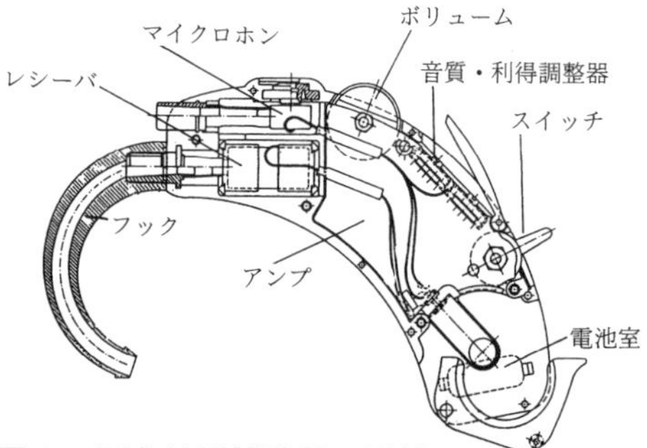

図１　耳かけ形補聴器の形状

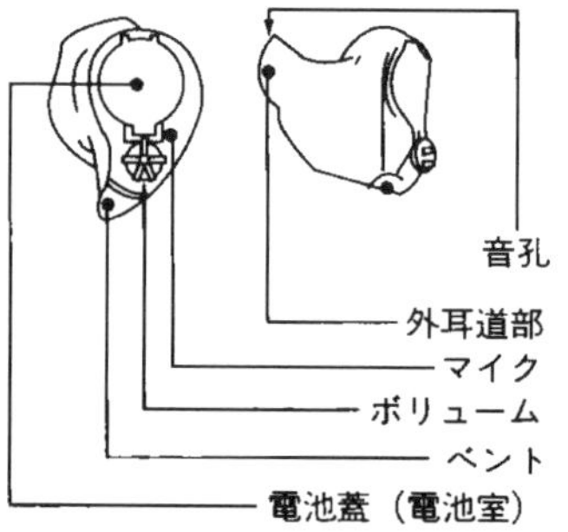

図２　耳あな形補聴器の形状

出典：大沼直紀（1997）『教師と親のための補聴器活用ガイド』コレール社

〈トピック10〉片耳の難聴（一側性難聴《いっそくせいなんちょう》）

「片方が正常に聞こえれば言語発達にほとんど問題はない」と言われますが、実際にはそれほど単純ではありません。ここではQ&Aで考えてみます。

Q1　原因はなんですか？

原因不明、先天性の感音難聴というのがほとんどです。後天性のものとしては「おたふく風邪」の後遺症や突発性難聴）によるものがあります。

Q2　どんな不自由さがありますか？

一側性難聴の場合には、次のような不自由さが考えられます。

①音の方向が分からない。

②騒音下での聞き取りが悪くなる。

③会議など多数が話す場所では会話が聞き取りにくくなり、疲労が大きい。

④聞こえにくい耳の方から話されると聞き取れずに、誤解されることがある。

Q3　どのような対応をすればいいでしょう?

・片耳が正常又はそれに近く、片耳が軽度から中等度難聴の場合

補聴器の装用を考えてみてはどうでしょうか。聞こえにくい方に補聴器を着けることで聞きやすくなることが期待できます。

・片耳が正常又はそれに近く、片耳が高度から重度難聴の場合

補聴器は役に立たないことが多く、学級内の騒音を抑える工夫（例えば、机やイスの脚にテニスボールを付ける）をして、まわりの音環境を整えることが効果的です。また、周囲の人は、「聞こえる側から話しかける」ことを日ごろから心がける、さまざまな状況をとらえ、一番聞こえやすい位置を本人に考えさせる、などの工夫が必要です。

・片耳が軽度から中等度、片耳が高度から重度の場合

補聴器をつけることをお勧めします。聞き間違いや聞き落としがあると思います。少し体調が悪いときなどは、とても聞きづらくなります。

思春期になると、片耳が聞こえないことで悩み始めることもあります。そんな場合には、専門家のアドバイスを受け、正しい知識を身につける必要があります。聾学校の「きこえ相談」やきこえの教室の先生が相談にのってくれます。

（「長岡聾学校きこえサポート・07/1月」より抜粋）

資料1 難聴の子どもの授業を担当される先生方へ

難聴の子どもは、「もっている聴力を活用して音を聴きとること」と「話し手の表情、口・唇・舌の動きを視てことばを読みとること（読話）」で、話を聴きとっています。また、聞き慣れた言葉（主に単語）を聴きとり、これまでの経験を基に話の内容を推理しています。推理できないときには、他の子どもの動きを見て行動しています。

難聴は、話や音が聞きとりづらい状態を意味しています。「聞こえること、聞こえるとき」もあれば、「聞こえないこと、聞こえないとき」もあります。指示や発問などが伝わっているかチェックをお願いします。

補聴器を装用すると、周囲の雑音までも大きく聞こえます。騒がしい状況では、工事現場で会話をしているような感じになります。静かな学習環境づくりをお願いします。

話し方	**話し手の顔が見えない状況では、話の内容がほとんど聴きとれない。** **話をするときには、教師の顔、特に口元がよく見えるようにする。** ・逆光になると、話し手の表情、口・唇・舌の動きがよく見えません。 ・板書しながら話したことは、伝わらないことが多い。板書後に話すか、顔が見えるように子どもに体を向けて板書してください。 ・作業中や活動中の指示は、ほとんど伝わらないと思われます。作業や活動を一度止めさせてから指示してください。 **普通の速さで、心持ち大きめの声で話す。** ・「せ、ん、せ、い」のように1音1音区切ると分かりにくい。聴きとれない場合には、心持ちゆっくり話してください。 ・大声は、うるさすぎるので聴きとりにくくなります。
座席の位置 整列の位置	**「前から2、3列目」「中央、あるいは、やや窓より」が基本。** ・作業や活動（たとえば、テレビ視聴　CDやテープの聴きとり）により座席・整列位置を変わる自由を与えてください。 ・聴きとりやすい場所は本人しか分からないことであり、また、本人に判断させなければならないことです
視覚情報の提供	**話し言葉だけで指示や発問を理解させようとしない。** ・主発問や指示を板書してください。 ・斉読している箇所を指示してください。 ・歌い始め、読み始めなどの指示をしてください。
連絡事項	**板書する（板書しない場合、連絡後復唱させるなどして確認する）。**
学習支援	・授業のポイント、級友の意見などを復唱してあげましょう。 ・予習の励行：難聴の子ども、教師双方の負担が軽減されます。 ・肉声の重視：CDやテープ音のヒアリングは難しいので、肉声で行いましょう。

資料[2] 難聴の子どもが苦手なのは……

1　難聴の子どもの苦手なこと

（1）ナイショ話ができない

難聴の子どもも時と場に応じて声の大きさを調整できますので、難聴の子どもの方からのナイショ話はできますが、話し相手の言っていることは分からないことが多くなります。これが思春期以降の友人関係に、微妙に影響することもあります。

適当な場所を使うことや筆談でやりとりすることなどを助言していただければと思います。

（2）～しながらの会話ができない

難聴の子どももテレビやビデオ、図や物を見ながら話をすることはできます。しかし、難聴の子どもがテレビやビデオ、図や物を見ているときには、話し手の口元を見ることができないので話を聞くことはできません。

ですから、難聴の子どもがパソコンの操作をしている時に話しかけても伝わりません。また、同様に先生方がパソコンを操作しながら説明をしても伝わりません。このような場合には、テレビやビデオ、図表や物を見せたり指し示したりした後で、話や説明をする必要があります。つまり、話すときには話すだけ、 見せたり指し示したりするときには見せたり指し示したりするだけにするのです。

2　補聴器がうまくはたらかない状況

（1）周りがうるさい時（騒音下）

補聴器は音を増幅しますが、聞きたい声だけを選んでくれるような機能はありません。聴覚障害がある時には、入ってきた音を聞き分ける機能が低下していますから、きこえる子ども以上に聞き取るのが困難です。難聴の子ども本人も、「このような状況は聞きとれないのだ」ということに気づいていない場合も少なくありません。「集中すればよい」ということではないのです。

（2）距離がある時

普通に会話をする時に使いやすいように補聴器は作ってあるので、２～３ｍまでの距離であれば比較的聞きやすいです。それ以上離れると、大きな声を出しても聞こえにくいことが多いです。

（3）話し相手がたくさんいる時

音色の聞き分けが苦手です。したがって、誰の声なのかの判断がつきにくいのです。また、右と左の聴力のバランスがとれていないと、どっちの人が話しているかの判断がつかないこともあります。

3　難聴の子どもが日常生活の中で困ること

（1）呼びかけ

少し離れたところや背後から呼びかけても反応がないなと思ったことありませんか？　呼びかけに対して、難聴の子どもは、視覚的に理解できない限り反応が遅れます。補聴器をつけていても、自分自身が呼ばれているかどうかの判断が難しいので反応が遅れます。

呼びかける時には、そっと肩をたたくか、手を振るなどの視覚的な手段も併用して、分かるように合図してください。

（2）アナウンス

電車やバス、デパートなどにはアナウンスがありますが、多くの難聴の子どもには、ほとんど分かりません。アナウンスがあったという事実が分からないこともあります。軽度の難聴でも、ある程度は理解できますが、全部を正確に聞きとることは難しいと思われます。きこえる人には、日常のアナウンスは重要なことではないので、聞こえなくてもいいじゃないかと思うかもしれませんね。しかし、難聴の子どもには、重要か重要でないかの判断ができないのです。

「何があったの？」と、声をかけてくる難聴の子どもには、内容を優しく教えてあげてください。重要か重要でないかの判断は、聞いた本人に任せましょう（情報の取捨選択は本人のすべきことです）。

（3）テレビ・VTR

皆さんは、難聴の子どもも補聴器をつければテレビの音が聞こえると思っていませんか？　多くの場合、「音そのものは聞こえる。けれど、よく分からない」ようです。

耳に入ってくるのは、その場のあらゆる音です。話し声、ナレーションの声、擬音（ドアの開く音、電車や車の走る音、犬の鳴き声など）といったスピーカーから出る音すべてです。これらは、聞こえるのです。けれど、聞こえている音が「話し声」なのか、「ナレーションの声」なのか、「ドアの開く音」なのか、「電車の走る音」なのかが弁別できないことが多いのです。たとえ「話し声」だと見当がついても、その話している内容が理解できなかったりするのです。したがって、「よく分からない」のです。字幕放送の普及が待たれます。

（4）電子音が聞きとりにくい

炊飯器や電子レンジ、洗濯機などのタイマーはとても重宝なものですが、残念ながら感音性難聴の子どもには大変聞きとりにくい音です。

4　会話のコツ

話が伝わっていると思えたことでも、子どもには伝わっていないことがあります。こんなとき、つい大きな声で話しかけてしまいがちですが、かえって伝わりにくくなります。また、大きな声を出すと表情も硬くなるので、難聴の子どもとの温かな雰囲気がこわれてしまいかねません。

難聴の子どもに対して、音声言語のみで伝えようとしても、聞き漏らしが生じやすく、伝えようとしている情報がところどころ抜けてしまいます。

聞き漏らしや聞き間違いをした場合、私たちは、無意識のうちに、前後の文脈から予測して内容をとらえようとします。難聴の子どもも限られた情報をもとに、話し合われていることを理解しようとします。この予測がうまく働いていれば、会話の流れを妨げず、スムーズにコミュニケーションを進めることができます。しかし、この予測がはずれると、内容を誤解してしまうということが多く、しかも誤解だと分かるまで、聞き漏らしや聞き違いをしたということに気づかずにいることもあります。

内容を誤解なく伝えるために、次のような方法を試してみてください。

〈音声で伝えるコツ〉

- **顔を正対させる（face to face）**
- **箇条書きのように、短く要点を話す**
- **実物や図、絵等の視覚情報を利用する**
- **話の内容や概要、キーワードをあらかじめ伝えておく（連想ゲームの感覚）**
- **聞きとりやすい言葉を使う（7をシチと言っても通じなければ、ナナと言ってみる）**

〈筆談のコツ〉

「会話」を楽しむためには、テンポが大切です。そのためには、テンポよく書く必要があります。

- **ひらがなでどんどん書く……漢字で書く必要はありません**
- **キーワードや名詞だけでよい……整った文章を書く必要はありません**
- **空書きも利用する……紙に書く必要はありません**

資料3 きこえの確認シート

以下の手順で、聞き取りにくい音を確認できます。ここで分かるのは、あくまでも「理論上」のことです。日頃の観察と併せてみた時に始めて聞きとりづらい音がわかってきます。この表はそのための参考にしてください（「28　音の構造と人間のきこえ」を参照ください）。

（1）子どものオージオグラムを書き入れます。

（両耳に補聴器をつけた時の聴力→▲、補聴器がないときの聴力→△）

（2）三角をつけたところの上の部分に着色してみます。着色された部分にあたるのが、聞き取りにくい音の領域です。

①母音というのは…ア、イ、ウ、エ、オ

②無声子音というのは、t、s、p、k、f、h などの音です。

③有声子音というのは、m、g、d、b、r、n などの音です。

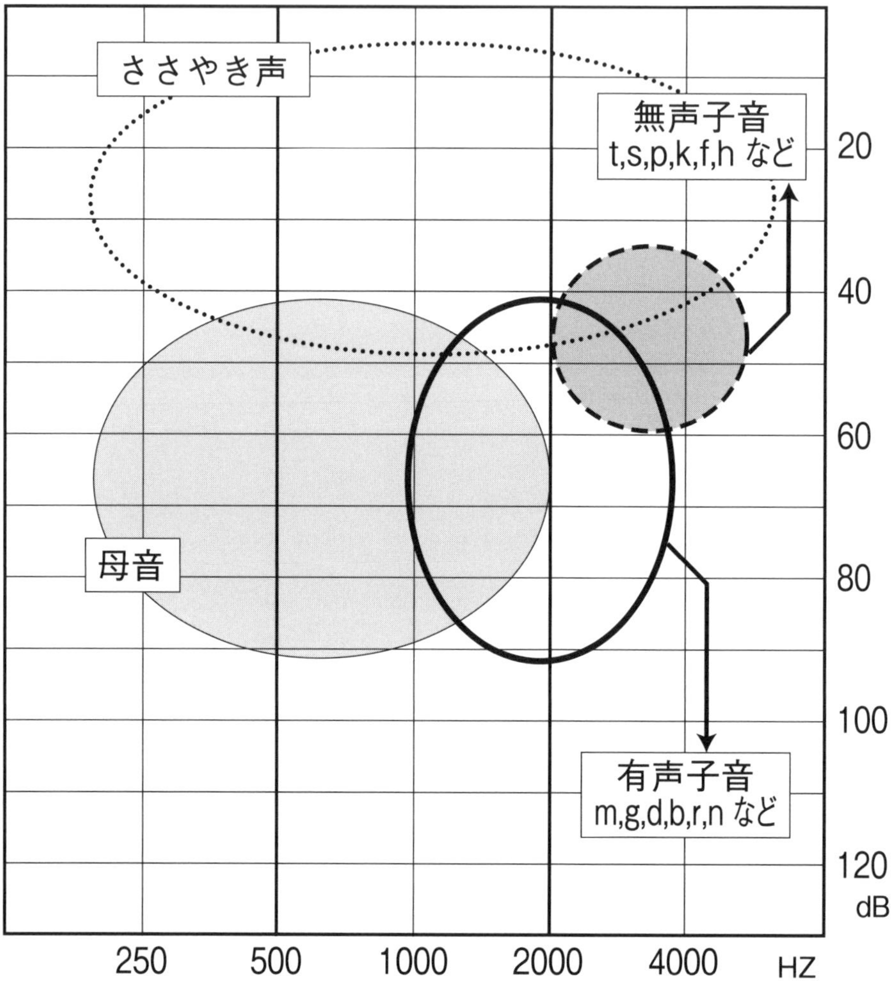

資料4 ALTへの手紙例

Dear Mr. White

I have one thing to tell you. You know the child in my class named Shirai Kazuo who is hard-of-hearing. I wonder if he has special needs in English activity.

His condition is as follows. We will be happy if you consider them.

1 Hearing level R: 75dB L 85dB, severe

2 Hearing aids He wears both. They improve his listening

3 About communication He uses lip-reading and is good at it.

4 Weak point 1) Noisy situation. So please say 'Wait' when they are too noisy.
2) Distance. Please approach when you direct.
3) Backside. He can't watch your mouth.

5 Adding 1) Please make an effort to face him.
2) If you find something, please tell me in or after the class.

ホワイト先生へ

あなたにお話ししておきたいことがあるのです。あなたもご存知のように、私のクラスには、シライカズオさんという難聴の子どもがいます。英語の学習活動で、彼にはニーズが生ずるのではないかと思って危惧しています。彼の状態は次の通りで、こういったことに配慮してもらえれば、大変にうれしく思います。

1 聴力レベル 右75dB 左 85dB、高度難聴です。

2 補聴器 両耳につけていて、よく働きます。

3 コミュニケーションについて 読話をしますし、とても上手です。

4 彼の弱点 1) 周囲がうるさい時→うるさい時は「wait」と注意して下さい。
2) 離れた時→指示する時は近づいてあげてください。
3) 後ろから→これでは、彼はあなたの口を見ることができません。

5 補足 1) なるべく、彼の正面から顔を見て話すようにお願いします。
2) 何かあったら、授業中でもその後でもいいのでお聞かせください。

◎作成にあたっては……

1 下線部____の内容は、その子どもの状況に応じて変更してください。

2 聴覚障害にかかわる用語の英訳例を下に挙げておきます。参考にしてください。

①障害の程度を表す英単語は、「4 軽度・中等度難聴の子どもへの対応」参照。

②その他の用語

・人工内耳 cochlear implant ・補聴器 hearing aid ・～をつける with またはwear
・読話 lip-reading ・手話 sign ・手指言語 manual ・配慮する consider
・視覚的 visual ・指示する direct ・FM補聴器 FM amplification system

＊もっと詳しいことを知りたい方は、次へお問い合わせ下さい。nanchobook@hotmail.co.jp

資料5　面接や呼名の際の配慮についてお願いする文書

○○中発進　号

令和　　年　　月　　日

高等学校

校長　　　　　　様

×× 市立○○中学校

校長　△△　△△

難聴生徒の受検に際しての配慮について（お願い）

このたび下記の生徒が貴校に出願し受検いたします。

つきましては、下記のような点についてご理解いただいた上でご配慮いただきたく思い、書面でお願いする次第です。なにとぞよろしくお願いいたします。

記

1　生徒氏名

○○ ○○（　　　年　　月　　日生）

×× 科　受験番号

2　聴力の状況

両耳感音性難聴で、両耳に補聴器を装用して級友と同様の学校生活を送っている。聴力は右　　dB　左　　dB であり、補聴器を使用し読話（唇の動きから、話の内容を類推する技能）を併用することで会話や面談に対応している。著しい早口や、広い会場・講堂等での聞き取りには支障が生ずることがある。

3　お願いしたいこと

(1)　面接の呼名の際に、自分が呼ばれているのがわからずにとまどうような場合には、本人の近くで少し大きめの声で呼んでいただければありがたく思います。

(2)　聞き取りづらい場合に、質問を聞き返すことがあります（「もう一度言っていただけますか」など）が、他意はないことをご理解ください。また面接の際に読話（唇の動きから語句を類推する）を併用いたしますので、正面から顔を見ながら、少しゆっくりとお話いただければありがたく思います。

資料6　公立高校一般入試におけるリスニング別室受検をお願いする文書

○○中発進　号

令和　　年　　月　　日

××県立　　　高等学校

校長　　　　　　様

××市立○○中学校

校長　△△　△△

貴校出願生徒に係る受検上の配慮について（お願い）

日頃お世話様になりまして、厚く御礼申し上げます。

さて、今回の一般入試で貴校に出願いたしました下記の生徒は、当校では補聴器をつけて学校生活を送っている難聴の生徒であります。

そこで、今回の受験にあたりましては、下記事項について御配慮いただきたく思います。なにとぞよろしく御高配を賜りますようにお願いいたします。

記

1　生徒氏名

○○　○○（　　　年　　月　　日生）

××科　受験番号

2　配慮をお願いしたい事項

英語の学力検査については受検室を別室とし、「放送による聞き取り検査」は肉声によって実施していただくことができればありがたく思います。なお、その際には、話者の唇の動きが見えるようにご配慮いただきたく申し添えます。

3　事由

当該生徒は両耳感音性難聴で、両耳に補聴器を装用して級友と同様の学校生活を送っている。聴力は右　　dB　左　　dB であり、補聴器を使用し読話（唇の動きから、話の内容を類推する技能）を併用することで会話や面談に対応している。著しい早口や、広い会場・講堂等での聞き取りには支障が生ずることがある。教室内での学習においても、授業者の説明などを読話を活用しながら聞いている。そのために当校では英語のコミュニケーション能力を試すリスニングの試験においては、別室において肉声で読話が可能な状況で試験を受けさせて、その能力を評価している。

引用・参考文献

我妻敏博（1994） 聴覚障害児用言語力評価テストの開発―ガエルテスト―．平成５年度科学研究費補助金研究成果報告書．

我妻敏博（2003） 聴覚障害児の言語指導―実践のための基礎知識―．田研出版．

因幡通太監修　草の根ろうあ者こんだん会編（1998）知っていますか？　聴覚障害者の暮らし一問一答．解放出版社．

岩本弘子（1994）通常の学校で学ぶ聴覚障害児の実態に関する調査研究―教師・聴覚障害児本人・保護者の３者への質問紙調査結果の分析を通して―．平成６年度石川県教育センター指導者養成研修講座研修報告書．

インテグレーション研究会（1987） 難聴児のインテグレーションのために―第10回全国大会記念事例集―．インテグレーション研究会．

大沼直紀（1997）教師と親のための補聴器活用ガイド．コレール社．

大沼直紀他（2005） 早期より聴覚を活用した聴覚障害者の実態に関する調査研究．聴覚障害児・者の聴覚の活用を考える会．

岡本途也監修（2000）補聴器コンサルタントの手引き．リオン株式会社．

小網輝夫（1997） 聴覚障害児の文章表現における基盤的言語変換能力に関する研究．上越教育大学大学院学校教育研究科修士論文．

小網輝夫（2002）聴覚障害児に対する構文指導に関する研究．学校教育総合研究センター教育実践研究 12．

小網輝夫（2006）聴覚障害児の文章表現力を高める指導．新潟大学教育人間科学部国語国文学会．新大国語 31．

小寺一興編（1996）補聴器の選択と評価．メジカルビュー社．

白井一夫（1996） インテグレートした聴覚障害者の思春期の葛藤に関する研究．上越教育大学大学院学校教育研究科修士論文．

白井一夫（2005） 難聴中学生との 365 日―教室だよりが語る通級指導の１年―．難聴理解 HB 事務局．

白井一夫（2007） 音ときこえの学習―難聴の子どもの可能性を伸ばすためのミニマムエッセンシャルズ―．難聴理解 HB 事務局．

田中美郷（2000）聴覚活用の実際．聴覚障害者教育福祉協会．

聴覚障害児と共に歩む会・トライアングル（1995） 母と子の教室の修了生についての調査研究―聴覚の活用・インテグレーション・教育と生活・早期教育．

聴力調整指導小委員会（2004） 難聴児童生徒へのきこえの支援．財団法人日本学校保健会．

長澤泰子・堀川淳子（1995）　思春期の聴覚障害児のストレスと対処方法に関する研究―中学生を中心に―．広島大学教育学部研究紀要 44．

母と子の教室編（1987）心が開かれるとき［生きる編］聴覚障害に学ぶ．ぶどう社．

前田智子・桑原裕子（1998）この子と伝え合いたい―家庭における豊かなコミュニケーションをめざして．新潟県立長岡聾学校幼稚部．

鷲尾純一監修（2000）わたしにできること―バリアフリー体験記パート１―．聴覚障害児と共に歩む会・トライアングル．

あ　と　が　き

校正を終えて、本書が送り出されることにほっとしています。６年前、800部のささやかな冊子を、期待と不安の中で送り出したことを思い出します。その冊子は、幸いにも、全国の難聴教育関係者や保護者の皆様から喜んでいただきながら、増刷を重ねることができました。

私たちにとって心残りだったのは、言語指導や軽度・中等度難聴のこと、あるいは片耳難聴のことなど、いくつかの重要な論点を書き漏らしたことでした。「いつかは改訂を」と考えていたところに、今回のお話をいただき、勇躍して原稿の再検討に取り組みました。以前の「読みやすさ」をそのまま生かしながら、これらの項目を書き加えました。さらに、学習指導要領の改訂で、中学校では選択教科がなくなること、小学校で外国語（英語）活動が必修になればその支援は緊急かつ重要なトピックになること、今回はそういった事情にも留意しました。

６年前のスタートにあたって、鷲尾純一先生からは、すべての原稿に目を通していただくなど、大変にお世話になりました。今回も、出版社との間に入っていただいた上に、再度玉稿と激励をお寄せいただきました。改めて、厚く御礼申し上げます。

前田真季子さんのイラストは、温かくやわらかく私たちの思いを伝え、本書に彩りを添えています。とくに表紙は新たに描きおろしていただいたもので、難聴の子どもと周囲の大人が正対して、お互いの顔を見ながらコミュニケーションしていくことの重要性を表現しています。

「支援のスタート」で紹介した、子どもたちの困難な出発の時期を、保護者を支えながらともに歩み育んできた、前長岡聾学校の前田智子先生、桑原裕子先生をはじめとする全国の聾学校幼稚部や難聴幼児通園施設のスタッフの皆さんに、心よりの敬意を表します。そのお仕事の基盤なしには、本書の数々の取り組みは成り立ちえないのです。

学苑社の杉本哲也さんの数々のアドバイスと工夫のおかげで、素人の手作りが、このような立派な書籍になりました。著者一同本当に喜んでおります。

その他にも、これまでに数々のアドバイスと支援をくださった多くの皆様に、心より感謝申し上げる次第です。

本書が、補聴器や人工内耳の力を借りて学校生活をおくる難聴の児童・生徒とその保護者、さらにはそれを支える多くの皆さんの力になることを祈念してやみません。

2009年2月

著者一同

●著者紹介

白井　一夫（しらい　かずお）

元新潟県立長岡聾学校通級指導教室、元新潟市立白新中学校難聴学級。

▷項目１・４・５・20・21・23～30

▷トピック２～４・６～10

▷資料３～６

小網　輝夫（こあみ　てるお）

元柏崎市立柏崎小学校通級指導教室、元柏崎市立第一中学校通級指導教室。

▷項目２・３・６・９～12・15～17・19・22

▷トピック１・５

▷資料１・２

佐藤　弥生（さとう　やよい）

元長岡市立千手小学校通級指導教室、元新潟県立長岡聾学校通級指導教室。

▷項目７・８・13・14・18

●編集協力

鷲尾　純一（わしお　じゅんいち）

現在、社会福祉法人心耕会前川こども園理事長。元筑波大学心身障害学系助教授。

難聴児・生徒理解ハンドブック

2009年2月20日　初版第1刷発行
2024年8月30日　初版第9刷発行

編著者　白井一夫・小網輝夫・佐藤弥生

発行者　杉本哲也
発行所　株式会社　学　苑　社
東京都千代田区富士見2－10－2
電　話　03（3263）3817
ＦＡＸ　03（3263）2410
振　替　00100-7-177379
印刷製本　藤原印刷株式会社

ISBN 978-4-7614-0719-3